청년이 없는 한국교회
이대로 괜찮을까?

엮은이 | 대한예수교장로회 청년회전국연합회
글쓴이 | 이수민 · 김희도
자 문 | 정재영 교수(실천신학대학교) 김근주 교수(느헤미야기독연구원)

쿰란출판사

차/례

제1부
대한예수교장로회
청년회전국연합회

01. 들어가는 말 _ 회장 이수민 | 8
02. 전국장청 소개 | 11

제2부
한국교회와
청년세대의 실태
(자료조사)

01. 대한예수교장로회 청년부/회 교세 현황 | 16
02. 대한예수교장로회 청년부/회 조직 교회 현황 | 19
03. 대한예수교장로회(통합) 청년부/회 조직의 분포 현황 | 23
04. 지역 노회 청년연합회 조직 통계 및 현황 | 25
05. 대한예수교장로회(통합) 교회학교 통계 현황 | 29
06. 기타 보도 자료에 의한 현황 | 32

제3부
한국교회와 청년세대 실태 분석

01. 원인 분석 | 36

1) 청년이탈현상으로 인한 청년빈곤현상 | 40

2) 공동체 의식 약화: '개교회주의'를 넘어선 '개인신앙주의' | 49

3) 신앙생활의 가성비와 효율성 | 53

4) 개교회주의 | 57

　(1) 이단 | 59

　(2) 교육 | 61

5) 소통 | 67

　(1) 기성세대와 청년 | 67

　(2) 목사/기득권자와 청년 | 70

　(3) 청년과 청년 | 78

6) 무관심 | 82

제4부	01. 어떻게 해결해야 할까? ㅣ 94
실태에 대한 대안 모색	1) RECOGNITION(인식) ㅣ 94
	2) 청년이탈과 청년빈곤현상 ㅣ 100
	3) 개인신앙주의 ㅣ 104
	4) 교육의 대상인가? 하나의 독립된 단체인가? ㅣ 108
	5) 가성비와 효율성 ㅣ 112
	6) 소통 ㅣ 116
	7) 개교회주의 ㅣ 121
	8) 무관심 ㅣ 126

제5부

교회를 떠나는 청년세대와 청년이 없는 교회에게

01. 한 걸음씩 | 132
    - 김근주 교수(느헤미야기독연구원)
02. 이 시대 기독청년을 위한 제안 | 135
    - 정재영 교수(실천신학대학원대학교, 종교사회학)
03. 신학생에게 물었습니다.
    "청년들이 왜 교회를 떠날까요?" | 157
    1) 청년이탈현상에 대한 신학생들의 생각 | 159
    2) 청년이탈현상에 대한 신학생들의 생각(익명) | 193
    3) 청년이자 사역자로 살아가는 신학생들의 생각을 듣고
       - 김민오 청년 | 213

제 **1** 부

대한예수교장로회
청년회전국연합회

01

들어가는 말

대한예수교장로회 청년회전국연합회
회 장 **이수민** 청년

- 현) 청년회전국연합회 회장
- 전) 청년회전국연합회(EYCK) 부회장
  청년회전국연합회 서기(66회기)
  부산동노회 청년연합회 회장(33-36회기)
  WCC 제10차 부산 총회 청년 스튜어드
- 동의대학교 건축학과 졸업

한국교회는 2000년대를 기점으로 성장의 정점을 찍은 뒤, 지금껏 침체의 길을 걷고 있습니다. 1907년 평양대부흥운동을 이어 'Again

1907' 운동도 벌써 10년이 지났으며 그때 활발하게 활동했던 청년들도 교회에서 급속히 사라져 가고 있습니다. 청년들이 넘쳐났던 대학교의 기독교 동아리들도 쇠퇴의 길로 접어들었고, 각 교회마다 청년 이탈현상과 청년빈곤현상이 가속화되고 있습니다. 심지어 남아 있는 청년들마저도 '헬조선'이라는 사회에서 견뎌내야 하고 자신이 속한 교회의 각종 사역 속에서 힘들고 지쳐 가나안 성도로 변하는 현상 또한 급증하고 있습니다.

교회에서 청년들이 사라지는 현상은 더 이상 지켜볼 수 있는 상황이 아닙니다. 청년문제는 더 이상 지교회가 스스로 해결할 수 있는 범주를 넘어선 문제입니다. 저는 복음화율이 제일 낮아 '선교지'로 칭하는 부산에서 부산동노회 청년연합회의 활동을 하면서 무너져 가고 있는 청년세대의 열심과 열정을 바라볼 수 있었으며 조그마한 해결의 실마리를 찾을 수 있었습니다.

하지만 청년의 특성상 세대교체가 이루어지고 여러 활동 면에서 인수인계가 원활하게 되지 않으면서 역동적이었던 공동체가 자생력을 잃고 쉽게 무너지는 모습을 접하게 되었습니다. 그러면서 청년들이 예전과 같은 건강한 공동체가 되기를 간절히 바라는 마음으로 이 책을 발간하게 되었습니다.

청년회전국연합회(이하 장청)는 작금의 사태를 해결하기 위해 많은 노력들을 해 보았습니다. 여러 지역의 청년들과 소통해 보았으며 청년보고서를 발간하여 본 교단 청년세대의 실태를 분석해 보았습니다. 그리고 청년들이 무너져 가는 원인과 그 해결책을 모색하기 위해 많은 활동과 연대를 해 보았습니다.

물론 이 책이 정확한 해결책은 아닙니다. 하지만 현재 한국교회의 청년공동체가 무너지는 원인에는 공통분모가 있습니다. 이를 알리고 지혜롭게 자신의 교회에서 여기서 언급한 이슈들을 고민하고 해결해 간다면 한국교회 청년이 이탈하는 문제에 대해서 조그마한 도움이 되리라 확신합니다.

이 땅의 청년세대를 향해 '헬조선', 모든 것을 다 포기한 'N포세대'라고 부르지만 이 땅의 청년은 그 누구보다 뜨거운 열정을 가지고 있었습니다. 그 청년세대를 바라보며 한국교회의 희망을 볼 수 있었으며, 늘 조용한 자리에서 꾸준히 교회의 중추적인 역할을 감당해 오는 청년들을 보았고 그 청년들의 목소리를 들을 수 있었습니다.

청년공동체를 통해 이전과 같이 함께 협력하고 소통하며 계속적으로 나아가 함께 한국교회의 부흥을 위해 모색하고 도모하고자 합니다. 이를 통해 하나님의 나라와 의를 구하고 실현하기를 간절히 소망합니다.

02
전국장청 소개

1) 회기: 70회기

2) 주제: 변화하라 새로움을 위한 노력: RISE-UP

3) 주제말씀: 한 사람이면 패하겠거니와 두 사람이면 맞설 수 있나니 세 겹 줄은 쉽게 끊어지지 아니하느니라(전도서 4:12)

4) 슬로건(SLOGUN)

 (1) 하나님 뜻이 이루어지는 정의로운 사회

 (2) 복음주의 신앙, 나눔, 섬김의 정신: 하나님의 선교에 동참

 (3) 노회 청년연합회와 협력하여 연합, 일치 운동 전개: 하나님의 교회를 이루어 감

5) 핵심가치(CORE VALUE)

STEP 01. RECOGNITION
[청년성에 대한 인식]
"청년성/청년세대의 현실 파악, 인식"
- 청년빈곤현상, 청년이탈현상
- 본 교단 청년 교세 2.1%
- 청년세대가 사라져 가고 있는 현실과 청년들이 교회를 떠나는 원인에 대한 고민과 인지 → 인식

STEP 02. RISE-UP
[함께 일어나 연합하기]
"공동 비전 수립/연합하여 함께 일어나기"
- 본 교단 약 9,000개 교회 중 청년부 조직 교회 약 2,100개(24%)
- 비전: 청년세대의 활성화/교회 부흥
- 교회에 남아 있는 청년세대가 함께 일어나 나아가기 위한 노력

STEP 04. REVIVAL
[청년으로부터의 한국교회 부흥]
"청년으로부터 일어나는 한국교회 부흥"
- 한국교회 부흥의 주체는 청년세대 청년세대 = 지금 세대 = 현재 세대
- 지금 세대가 모이고 함께 할 때, 한국교회의 부흥에 가까울 것

STEP 03. REVOLUTION
[청년의, 청년에 의한, 청년을 위한 개혁]
"청년세대와 한국 교회의 현실 파악"
- 청년세대에 대한 비전을 목표로 한 청년에 의한 개혁 실행
- 기독청년으로서 당장의 해결 대안 모색 → 청년세대로부터 청년을 위한 노력

[그림 1. 전국장청 핵심가치]

6) 임원보고

    (1) 회 장: 이수민(부산동노회)

    (2) 상임총무: 김희도(부산동노회)

    (3) 서 기: 진영식(경안노회)

    (4) 회 계: 이예찬(서울노회)

    (5) 에큐메니컬위원회: 위원장 김민오(서울관악노회)

    (6) 지역조직재건위원회: 위원장 김희도(부산동노회)

7) 조직보고: 67개 노회 중 11개 노회

　(1) 서울노회: 1회기. 회장 이예찬(서울노회 을지로교회)

　(2) 서울서노회: 1회기. 회장 김빛나리(서울서노회 해방교회)

　(3) 영등포노회: 60회기. 회장 강초롱(영등포노회 구로제일교회)

　(4) 순천남노회: 8회기. 회장 허재호(순천남노회 순천의교회)

　(5) 여수노회: 47회기. 회장 이대영(여수노회 꿈꾸는교회)

　(6) 부산동노회: 38회기. 회장 김희도(부산동노회 주님의교회)

　(7) 경북노회: 3회기. 회장 김성한(경북노회 녹원교회)

　(8) 대구서남노회: 4회기. 회장 이혜원 (대구서남노회 행복한교회)

　(9) 경동노회: 63회기. 회장 유화목(경동노회 안강영락교회)

　(10) 포항노회: 3회기. 회장 김은혜(포항노회 늘사랑교회)

　(11) 경안노회: 68회기. 회장 진영식(경안노회 성은교회)

제2부

한국교회와
청년세대의 실태
(자료조사)

01

대한예수교장로회 청년부/회 교세 현황

　본 교단 청년회전국연합회(이하 장청)에서는 청년 사역을 본격적으로 진행하기에 앞서, 본 교단 청년세대 현황에 대해 먼저 파악하고자 하였다. 그러나 교계 통계위원회에서는 10여 년 이상 교단에서 칭한 청년세대(만 18-34세)에 대한 교세 파악이 이루어지지 않았음을 확인하였다.

　이에 장청은 본 교단 청년 교세 파악을 실행하여 조사 결과를 "2016 청년보고서"로 발간하여 현재 청년들의 현황에 대해 인지하고자 하였다.

1) 조사 대상: 대한예수교장로회(통합) 교단 산하 전체 교회

2) 조사 실시 방법(*전체 교회 수는 2016 교회주소록 참고)

   (1) 기간: 2016년 5월 ~ 8월(4개월)

   (2) 방법

      step 1. 본 교단 산하 전체 지교회 3번 이상 전화 문의 및 공문 발송 실시

      step 2. 부재 및 비협조 교회는 직속 노회에서 조사 실시

      step 3. 지교회 및 지노회 직접 방문

   (3) 내용: 청년부/회 교세(재적인원, 출석인원), 청년부/회 조직 교회 현황

3) 조사 결과

(1) 2015년 통계위원회 발표 본 교단 전체 교세: 2,810,574명

(2) 2016년 청년 교세 현황: 전체 교세 중 청년 교세 2.17%

   ① 재적인원: 106,393명(재적인원 대비 출석인원 57%)

   ② 출석인원: 61,182명

   ③ 미출석인원: 45,211명

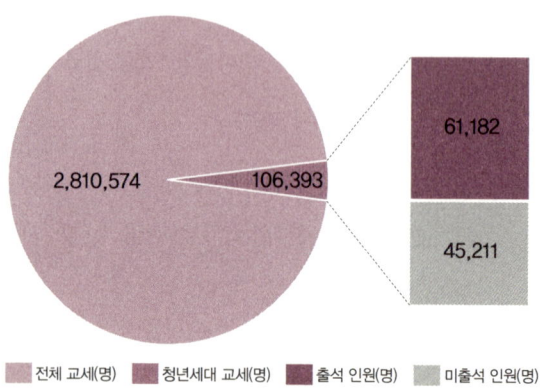

[그래프 1. 본 교단 청년부/회 교세 현황(단위:명)]

02

대한예수교장로회 청년부/회
조직 교회 현황

　장청은 청년부/회가 조직이 되어 청년부/회 모임 혹은 예배를 정기적으로 드리고 있는 교회를 청년부/회가 조직된 교회라고 칭하였다. 이에 청년부/회가 조직되어 청년부/회의 활성화를 도모하고 있는 교회에 대하여 조사를 실시하였고, 조사의 대상과 실시 방법은 '1. 청년부/회 교세 현황'에서 실시된 방법과 동일하다. 조사 결과를 권역별로 나누어 보았다.

　1) 조사 대상: 대한예수교장로회(통합) 교단 산하 전체 교회

2) 조사 실시 방법 (*전체 교회 수는 2016 교회주소록 참고)

　(1) 기간: 2016년 5월 ~ 8월(4개월)

　(2) 방법

　　step 1. 본 교단 산하 전체 지교회 3번 이상 전화 문의 및 공문 발송 실시

　　step 2. 부재 및 비협조 교회는 직속 노회에서 조사 실시

　　step 3. 지교회 및 지노회 직접 방문

　(3) 내용: 청년부/회 교세(재적인원, 출석인원), 청년부/회 조직 교회 현황

3) 조사 결과

　(1) 2015년 통계위원회 발표 본 교단 전체 교회: 8,799개 교회

　(2) 2016년 청년부/회 조직 교회 현황: 전체 교회 중 청년부/회 조직 교회 약 24%

　① 청년부/회 조직 교회: 2,156개 교회

　② 청년부/회 미조직 교회: 6,643개 교회 (미조직교회 약 76%)

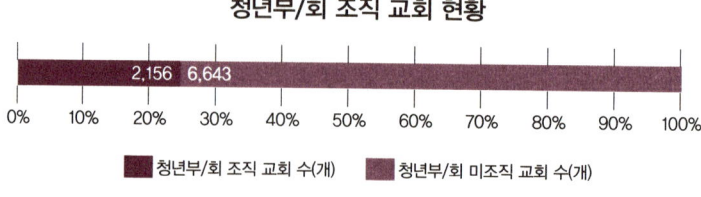

[그래프 2. 권역별 전체 교회 수에 대비한 청년부/회 조직 교회 현황(단위:개)]

2016년 기준 본 교단 전체 교회 8,799개 교회 중 청년부/회가 조직되어 청년부/회의 모임과 예배를 활성화하고 있는 교회는 전체 교회에서 약 24%에만 해당한다. 나머지 약 76%는 청년부/회의 조직을 비롯하여 모임과 예배가 없었다. 본 교단 67개 노회 기준으로 권역별로 나눠 청년부/회가 조직되어 있는 교회는 아래 [그래프 3]과 같다.

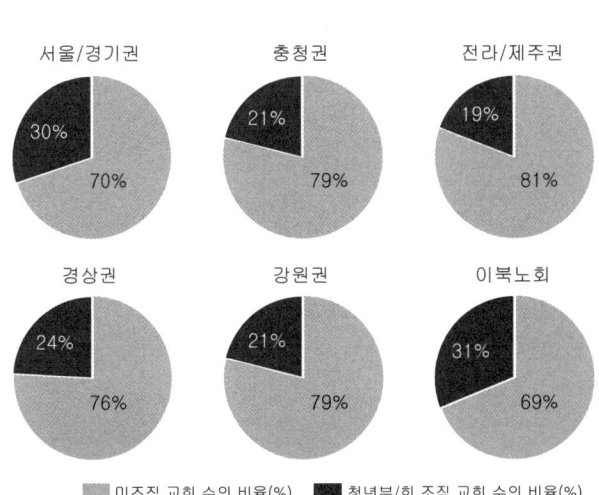

[그래프 3. 권역별 노회 교회 수에 대비한 청년부/회 조직 교회 현황(단위:%)]

장청은 본 교단 67개 노회를 권역별 노회 교회 수에 대비한 청년부/회 조직 교회 현황을 살펴보았다. 서울/경기권역에서 18개 노회 산하 2,205개 교회 중 30.1%, 충청권 7개 노회 산하 897개 교회 중 20.8%, 전라/제주권 18개 노회 산하 2,286개 교회 중 18.5%, 경상권 17개 노회 산하 2,197개 교회 중 24.0%, 강원권 2개 노회 산하 191개 교회 중 19%, 이북노회는 무지역노회이기에 노회로 표기하여 5개 노회 산하 1,021개 교회 중 30.5%가 청년부/조직이 되어 있었다.

이북노회는 무지역노회로서 교회가 전국에 분포되어 있는 노회이다. 이북노회 중에서도 청년부/회가 조직된 교회는 서울/경기권역에 전체 교회의 70% 이상이 밀집되어 있었다.

이 자료는 지교회가 청년문제를 해결하려고 하는 노력이 얼마나 부족했는지 여실히 드러내는 동시에 지교회가 스스로 청년문제를 해결할 수 있는 상황이 아님을 보여준다.

03

대한예수교장로회(통합) 청년부/회 조직의 분포 현황

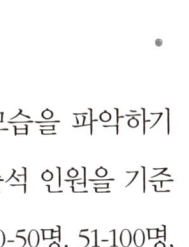

　장청은 스스로 자생할 수 있는 청년 공동체의 모습을 파악하기 위해서 본 교단의 청년부 조직 교회에서 청년세대 출석 인원을 기준하여 분포 현황을 비교 분석해 보았다. 20명 미만, 20-50명, 51-100명, 101-500명, 500명 이상으로 평균 출석 인원을 기준하여 교회 수 현황을 파악해 보았다.

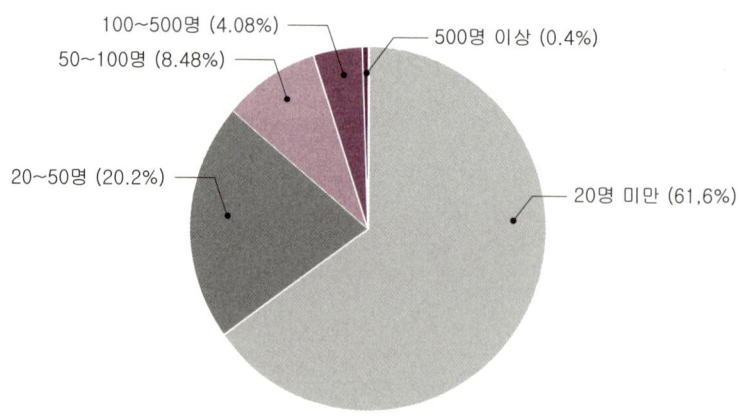

[그래프 4. 권역별 노회 교회 수에 대비한 청년부/회 조직 교회 현황(단위:%)]

청년공동체를 청년들이 주체적으로 유지할 수 있는 기준을 20명으로 했을 때 본 교단 청년부/회 조직 교회 2,156개 교회 중 평균 출석 20명 이상이 되는 교회는 약 33%다. 즉, 교회가 스스로 청년문제를 해결할 수 있는 여지가 있는 교회는 33%이다. 본 교단 산하 9,000여 개가 되는 교회에서 청년세대의 출석이 500명이 넘는 교회는 13개 정도였으며, 60%가 되는 교회의 청년 공동체가 많이 붕괴되면서 사라지고 있었다.

그러므로 더 이상 청년문제는 개교회 스스로가 해결할 문제가 아니라 노회에서 교단에서 직접적으로 많은 대책이 필요하다고 생각한다.

04

지역 노회 청년연합회 조직 통계 및 현황

 장청은 자료를 통하여 최근 10년간 지역 노회 청년연합회 조직의 수를 파악하였다.

 2008-2010년에는 충청, 전북 지역의 청년연합회가 활발했으나 충청 지역과 전북 지역의 청년연합회가 점점 붕괴되어 가고 2011년부터 경상권 노회 청년연합회가 활발해졌다. 이북노회도 용천노회와 평양 부산시찰 청년연합회가 활발하게 활동하고 있었다. 그러나 용천노회는 지역 접근성이 용이하지 못하여 최근 3년 전부터 총회를 개최하지 못하였다. 그리고 평양노회 부산시찰 청년연합회는 노회가 분립되면서 청년연합회 또한 강제 분립이 되어 유지해 오던 힘이 분

산되어 어려운 시기에 놓였다.

그리고 최근 3년 동안 총회를 개최하지 못하고 활동하지 않는 노회는 장청의 회칙에 따라 2016년에 조직이 개편되어 5개 노회(경동, 경안, 부산동, 순천남, 포항)가 활동하고 있었다. 물론 청년연합회가 존재한다고 해서 청년활동에 많은 영향력을 준다고 생각할 수는 없지만 청년문제를 노회의 관점에서 조금 더 거시적으로 생각하고 청년문제를 다각도로 생각할 수 있는 최소의 기준이 지역 청년연합회라고 생각한다. 그러므로 아래의 그래프를 통해 최근 10년간의 지역노회 청년연합회 조직 수를 살펴보고자 한다.

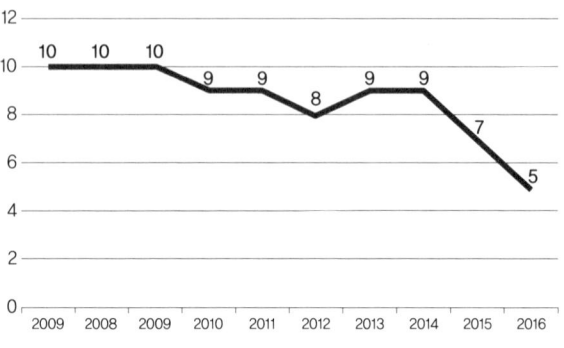

[그래프 5. 최근 10년간 지역 노회 청년연합회 조직 수(단위:개)]

[그래프 5]와 같이 최근 10년간 지역 노회 청년연합회는 붕괴되어 점점 줄어들었다. 이를 권역별로 분석하여 지역적 특징 유무에 대해 파악해 보았다.

권역별 청년연합회 조직 및 미인준 현황

권역	노회 수(개)	청년연합회 조직 수(새)	미인준 청년연합회(개)
서울/경기	18	3	0
충청	7	0	2
전라/제주	18	2	3
경상	17	6	1
강원	2	0	0
이북	5	0	0

[그래프 6. 권역별 청년연합회 조직 및 미인준 노회 현황(단위:개)]

현재(2017년)를 기준으로 하여 11개 노회를 인준 및 재건하면서 본 교단 산하 67개 노회를 기준으로 해서 권역별로 지역장청의 조직 유무를 나누어 보았다.

서울/경기권역은 18개 노회 중 3개 노회(서울, 서울서, 영등포)가 재건 및 조직이 되었다. 충청 지역에서는 7개 노회 중 2017년 말에 2개 노회(충청, 대전)가 재건되었으며 미인준 노회이다. 전라/제주권역은 2개 노회(여수, 순천남)가 조직되어 있으며 3개 노회(남원, 순천, 제주)가 미인준노회이며 이 중 순천노회는 재건위원회가 구성되었고 2017년 말에 임원회가 조직 될 예정이다.

강원노회와 이북노회는 청년연합회 조직과 미인준 노회가 없었다. 경상권에서는 17개 노회 중 6개 노회(부산동, 경북, 대구서남, 경동, 포항, 경안)가 조직이 되어 있으며 2017년에 1개 노회(경서)가 재건이 되어 전국장청 70차 정기총회 시 인준할 예정이다.

이를 통해 알 수 있었던 사실은 청년연합회 조직 노회는 본 교단에서 생각하는 교세가 약하고 불교와 샤머니즘이 강한 지역이라고 생각하는 경상권에 밀집되어 있었다. 서울/경기권은 본 교단의 전통을 대표하는 교회가 많고 교세가 밀집되어 있음에도 청년연합회가 잘 이루어지지 않았다.

이 자료를 통해 노회가 청년문제를 해결하려고 하는 노력이 얼마나 부족했었는지 여실히 드러나고 있다.

05

대한예수교장로회(통합) 교회학교 통계 현황

　본 교단에서는 매년 교세 통계를 집계한다. 교회가 노회로, 노회가 총회로 각 교회와 노회의 교세통계표를 작성하여 총회에 보고하고 총회는 전체 교세의 통계를 집계한다. 아래의 그래프는 본 교단 통계위원회의 결과와 장청에서 실시한 청년 교세 파악 결과를 근거로 하여 작성한 최근 6년간의 교세 분포도이다.

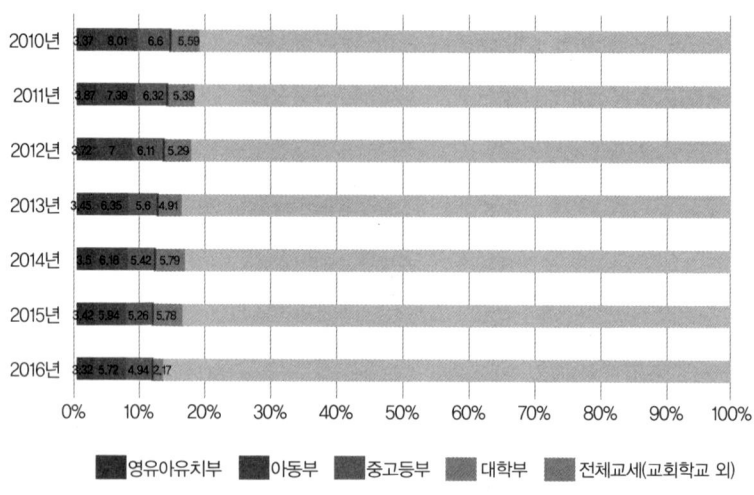

[그래프 7. 본 교단 전체 교세 대비 교회학교 통계 현황(단위:%)]

[그래프 7]은 본 교단 전체 교세 대비 교회학교 통계 현황에 대한 최근 6년간의 교세 분포도를 보여주는 그래프이다. 본 교단 전체 교세를 100%로 봤을 때 교회학교 및 청년부/회는 약 10% 정도 됨을 알 수 있고 점점 줄어들고 있는 사실을 파악할 수 있다.

[그래프 7]에서 우리가 주목해야 할 점은 청년부 급감 실태이다. 전체 퍼센트로는 0.1~0.3%가 감소하여 감소율이 미비한 것처럼 보일 수 있으나 0.1%마다 매년 약 5,000여 명이 줄어들고 있는 셈이다.

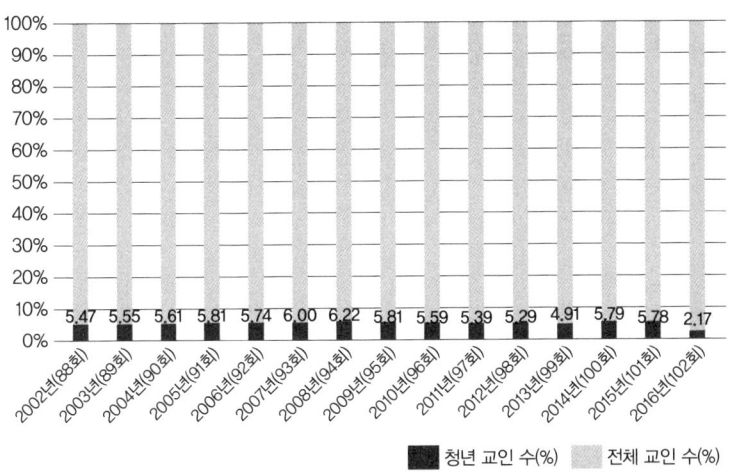

[그래프 8. 최근 10년간 본 교단 청년부/회 교세 현황(단위:%)]

본 교단의 통계위원회에서 집계한 청년부의 현황과 급감 실태에 대해서는 [그래프 8]과 같다. 이 자료를 통해 교단이 청년문제를 해결하려고 하는 노력이 얼마나 부족했었는지 여실히 드러나고 있다.

06

기타 보도 자료에 의한 현황

    오랫동안 장청이 협의회로 함께 활동하고 있는 한국기독청년협의회(EYCK)와 한국기독교교회협의회 청년위원회(NCCK)에서 엮은 《한국교회, 청년이 떠나고 있다》[1]에서 기독교인의 의식에 관한 설문조사 결과를 볼 수 있다. 여러 가지 통계 중 현재 교회를 다니지 않는 이유를 [그래프 9]로 확인할 수 있다.

---

1) 《한국교회, 청년이 떠나고 있다》, p.157, EYCK&NCCK청년위원회, 2017, 그래프 재구성.

[그래프 9. 현재 교회에 다니지 않는 이유(단위:%)]

* 설문조사가 1,300여 명의 19세~60세 미만을 대상으로 이루어졌기에 청년세대 전체의 생각이라고 볼 수는 없음.

[그래프 9]는 《한국교회, 청년이 떠나고 있다》에서 현재 교회에 다니지 않는 이유에 대하여 조사 및 분석한 결과를 청년들을 대상으로 하여 재구성하였다.

연령대에 비하여 20-24세는 '시간이 없어서'가 45.1%로 제일 많았다. 25-34세는 '교회의 기존의 틀이나 환경에 얽매이기 싫어서'가 40% 이상으로 제일 많았다. 35-39세는 다른 이유보다는 '기타 이유'가 31.6%로 많았으나, 기타 이유에 대해서 정청은 알 수 없었다.

청년세대들이 교회를 떠나는 이유가 다양했지만 주로 개인의 시간이 없는 것과 교회의 틀과 환경에 얽매이기 싫어한다는 것을 알 수 있었다. 그리고 이러한 이유들로 인해 교회의 허리 세력인 청년세대가 점점 교회를 떠나고 한국교회를 이어 나갈 다음세대가 사라져 가고 있음을 알 수 있다.

제3부

한국교회와 청년세대 실태 분석

** 교회에서 청년세대를 부르는 명칭은 청년회와 청년부라고 한다.
그러나 현재 대부분의 교회가 청년세대를 교육부 산하 기관으로
청년부라고 칭하기에 필자는 명칭을 '청년부'로 통일하여 칭하고자 한다.
하지만 청년세대가 부흥하기 위해서는 청년부보다는
보다 자치적인 청년회가 더욱 도움이 된다.

01

원인 분석

　앞서 언급한 한국교회와 청년세대 실태의 원인을 교회와 여러 단체들은 현 한국사회에서 거론되고 있는 입시, 스펙, 취업, N포, 저출산 등의 사회적인 문제에 초점을 두고 있다. 한국교회에서 청년들이 급감함으로써 현재와 미래를 함께 개척하고 사역할 동역자와 공동체가 급속도로 사라지고 있는 원인을 사회적 문제로만 바라볼 수 있을까?

　저출산 문제와 취업난, 고령화 사회 등 외부적 문제(사회적 문제)가 교회에서 청년들이 사라지는 원인으로 여겨지는 여러 요소들이 있다. 하지만 외부적 요인이 주된 원인이라고 생각하지 않는다. 사회적 문제는 늘 있었으며 그 사회적 문제 속에서 한국교회는 사회의 중추적인 역할을 하며 함께 성장해왔다. 하지만 이제 와서 교회에서 청년들이 줄어드는 문제가 외부적 문제라고 치부한다면 그것은 자신의 문제를 자신이 처한 환경만 탓하는 무책임한 분석이 아닐까 한다.

물론 청년의 숫자가 베이비부머 시대 때보다 훨씬 줄어든 것도 사실이다. 하지만 전체 인구 수 대비 교인의 숫자를 대비해보면 청년들이 20년 전보다 많이 줄어든 것은 명백한 사실이다. 또한 사회적 문제가 한국교회 청년 문제의 핵심이라고 한다면, 한국교회 문제는 정부와 여러 환경 등 많은 조건들이 뒷받침될 때 해결된다.

그렇다면 늘 존재해 왔던 사회적 문제의 해결에 한국교회의 미래를 걸어야만 하는 것인가? 장청은 그렇지 않다고 생각한다. 혹여 우리가 귀찮아서 무관심하게 근본적인 문제의 해결을 피하려고 해서 벌어진 결과는 아닐까? 이렇게 사회적 문제가 해결되기를 기다리면서, 공동체가 무너져 갈 동안 청년들의 문제를 교회 내에서 변화시키려는, 변화하려는 내적 욕구와 노력이 우리에게 존재했을까?

20세기 교회는 시대적 분위기와 성도들의 적극적인 참여로 인해 사회 문제에 직접적으로 참여했으며 문화와 정치에 많은 영향을 끼쳤다. 그러나 시대도 사회도 사람도 변한 지금, 사회적 문제에 대하여 21세기 교회는 어떠한 역할과 입장을 취하고 있는가? 과연 한국교회가 사회적 문제 해결에 대해 직접적인 참여와 변화가 가능할까? 많은 생각을 야기시키는 질문이다.

현실적으로 사회적 문제를 해결하는 데 있어서 교회가 추구하는 여러 가치관과 차이가 나거나 어려운 부분이 있다. 더 심각한 문제는 앞선 데이터에 의하면 사회적 문제가 해결될 때까지 교회에는 다음세대가 존재하지 못한다는 것이다. 교회에서 다음세대가 사라지는 속도는 더욱 가속화될 것이다. 더 이상 이렇게 지켜보고 있을 수 없는 상황이다.

한국교회에서 주로 거론하고 있는 사회적인 문제는 고령화 사회와 저출산 실태이다. 고령화 사회는 현재 한국교회에서도 흔히 나타나는 실태이고, 결혼 적령의 시기가 늦어지고 취업과 경제적 어려움 등의 이유로 저출산 문제가 있다. 그렇지만 한국교회가 붕괴되는 실태의 핵심은 새신자는 늘어나지 않음과 동시에 현재의 성도들이 교회를 떠나는 데에 있다. 그리고 떠나는 세대는 주로 청년세대라는 사실이다.

장청은 한국교회 청년부가 무너지고 있는 상황에서 청년부 활성화를 위하여 최근 5-6년 동안 본 교단 산하 교회 및 노회, 총회와 한국기독청년협의회(EYCK), 세계교회협의회(WCC), 한국기독교교회협의회(NCCK), 한국종교인평화회의(KCRP) 등의 기관 및 단체에 임원, 총대, 스튜어드 등으로 활동하면서 각 지역과 중앙의 필드에서 활동하고 있는 청년들과 만남과 각종 회의를 가지면서 한국교회가 무너지고 있는 원인에 대해 분석해 보았다.

교계와 교회들은 이에 대한 원인으로 취업난, 저출산, 고령화 사회 등과 관련된 사회적인 문제를 거론한다. 그러나 정작 필드에서 열심히 사역하고 있는 청년들의 생각과 앞서 이야기한 데이터에 기반을 두어 바라볼 때, 청년세대가 줄어들고 있는 문제는 본 교단의 교세가 전체적으로 감소하고 있고, 교세가 줄어듦에도 불구하고 교회 내 청년들의 사역 양은 줄어들지 못하였으며, 사역의 인수인계로 다음세대에게 넘겨 줄 청년세대의 인구가 줄어들었다는 것을 원인으로 들 수 있었다.

가나안 성도가 증가하고 사회적으로 많은 모순점을 가지고 있는 교회 집단의 성격이 문제점과 원인으로 존재한다는 것을 장청은 확인하였다. 따라서 사회적인 문제가 교회 공동체를 무너뜨리는 실질적인 원인이 아니라는 결론에 도달하였다.

'헬조선', 'N포세대', '금수저', '흙수저' 등 청년세대가 겪고 있는 현실과 상황을 희화화한 표현이 많다. 그러나 이 시대의 청년들은 계속해서 그들만의 방법으로 스펙을 쌓고, 경력을 만들어서 자신들이 겪고 있는 현실을 타파하고자 노력하고 있다. 즉 손을 놓지 않고 계속해서 자기 계발을 하며 사회에 대응하고 노력하여 자신의 한계를 뛰어넘는다.

청년들은 힘들수록 그 상황을 밟고 일어나는 강한 세대이다. 이렇게 강한 청년들이 무너져 가고 있는 교회와 청년부에서도 한계를 뛰어넘고자 끊임없이 노력할까에 대한 고민을 해봤을 때 "Yes"라고 대답할 수 있는 청년은 과연 몇 명일까? 사회에서는 자신의 한계를 뛰어넘기 위해 어떠한 노력도 감수하지만 교회에서는 노력을 시도하지 않는다. 또한 교회는 더 이상 힘들고 지친 청년들에게 힘을 줄 수 없으며 점차 그들에게 동기 부여를 할 수도 없어졌다.

이러한 사실과 현실을 보았을 때 본 교단의 무너지는 청년세대에는 사회문제의 원인 외에도 교회 내부에서도 공통된 문제와 원인이 존재함을 알 수 있었다. 이에 장청은 한국교회와 다음세대가 급속도로 줄어드는 실태에 대하여 사회적 문제의 해결을 기다리기보다 청년세대가 직접 한국교회의 내부적 문제를 함께 고민하고 개선하면서 무너져 가는 청년공동체의 문제를 적극적으로 해소하는 데 앞장서고자 한다.

1) 청년이탈현상으로 인한 청년빈곤현상

현재 교회 내에서 청년이탈현상이 급격히 증가하고 있다. 하지만 교계의 지도자들은 청년이탈현상을 피부로 느끼지 못하는 듯하다. 한국은 대다수의 학교가 서울이나 수도권, 도심지에 몰려 있다. 그래서 고등학교를 졸업하고 대학교를 타지방으로 가는 학생이 매우 많다. 즉 고등부에서 청년부로 넘어오면서 자신의 교회를 출석하지 못하고 타지방으로 가게 되는 경우가 있다.

이러한 이유로 한국교회는 청년부가 교회를 떠나는 것이 아니라 대학교로 진학하여 대학 근처 교회에 출석하고 있다고 안일하게 생각한다. 대다수 교회의 목회자들은 본인의 교회에 청년부가 없거나 작은 이유로 고등학교에서 대학에 진학하면서 타지역으로 이동하는 학생이 많고 그 학생들은 대부분 학교 근처에서 열심히 신앙생활을 하고 있다고 착각한다. 그래서 그 청년들이 방학이 되면 자신의 교회로 돌아온다고 생각한다.

그렇게 본다면 전체 성도 숫자에서 청년의 숫자는 일정해야 한다. 하지만 데이터 값이 이야기하는 것은 청년은 수평이동을 하지 않았다.

청년이 수평이동을 한다면 대학이 많은 지역 교회의 청년부 숫자가 많아야 한다. 하지만 통계자료에 따르면 전체적으로 모든 지역에서 청년 교세는 감소하였다. 한국교회 목회자들의 예상대로라면 대학교가 밀집되어 있는 지역의 청년 인구는 성장해야 하는데 장청이 파악한 교세 통계에 의하면 대학이 인접한 교회의 청년 숫자와 대학이 인접하지 않은 지역의 청년 숫자는 큰 차이가 없다.

아래의 [그래프 10]은 서울 지역 6개 노회가 본 교단 통계위원회에 제출한 최근 10년간 청년 교세이다. 그래프를 통해 대학교가 밀집되어 있는 서울권에서도 수평이동이 적용되지 않는다는 사실을 확인할 수 있다.

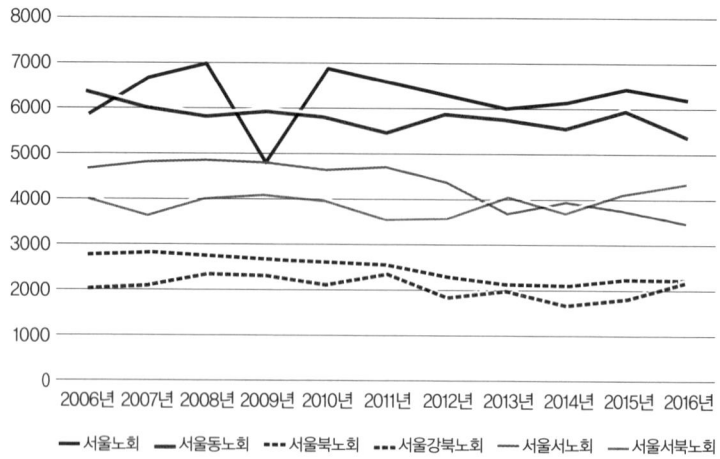

[그래프 10. 서울권 기준 최근 10년간 청년 교세]

실제로 현존하는 노회 청년연합회의 여러 리더들과 소통해 본 결과, 많은 청년들이 학업을 이유로 타지역으로 이동하면 교회를 옮겨서 신앙생활을 하는 것이 아니라 교회를 다니지 않게 된다고 한다. 즉, 대학 진학으로 인한 거주지의 변동이 교회를 출석하지 않게 되는 원인이 아니라는 것이다.

오래전부터 시작된 청년이탈문제를 교회는 대학 진학이라는 안일한 변명으로 합리화하면서 청년이탈현상에 대해 무관심하였다. 그러한 결과로 청년이탈현상을 넘어 '청년빈곤현상'을 초래하였다. 교회 내에서 청년빈곤현상은 교회 청년회에 새로운 문제를 야기시킨다.

첫 번째로는 청년들이 함께 사역할 동역자가 없다. 대형교회는 대형교회 나름대로 사역하는 사람은 정해져 있고, 중소형교회는 실제로 청년이 없다. 즉 하나님의 사역은 사람이 하는 것이 아니라 하나님이 하신다는 말도, 섬기는 사람이 사역하지 않으면 다른 사람이 그 자리를 채운다는 말도 더 이상 진실이 아니다.

청년이탈현상으로 인해 청년들이 떠나고 교회에 남아 있는 청년들에게는 더 많은 사역과 헌신이 요구된다. 교회 내에서의 사역은 계속해서 늘어나는데 사역할 청년과 인력이 없다. 더욱이 세대교체조차 이루어지지 못하고 있다.

사역을 계속해서 맡은 청년들은 사역에 대하여 힘듦과 지침을 느낀다. 교회 내 사역이 힘들고 지치면서 내려놓고 싶지만, 공동체가 붕괴되는 모습을 경험해왔고 자신이 사역을 내려놓는 순간 똑같은 상황이 벌어지는 것을 인지하고 있는 상황이니 사역은 개인에게 점점 더 짐이 되면서도 더욱더 내려놓지 못한다.

교회의 사역은 청년들에게 더 이상 은혜와 즐거움, 헌신이 아니라 강요와 강압적으로 사역을 당하는 것이 되어버린 것이다. 이로 인해 교회에 대한 불만의 목소리가 상승하고 청년세대가 교회를 이탈하게 되는 상황까지 이르게 되었다.

청년빈곤현상에 대한 두 번째 문제는 교회 내에서 사역하는 개인의 역량이 점점 부족해진다는 것이다. 역량이란, 특정한 상황이나 직무에서 준거에 따른 효과적이고 우수한 수행의 원인이 되는 개인의 내재인인 특성을 뜻하는 단어다[2]. 한국교회의 급성장으로 많은 교육 및 활동이 필요하였고 그로 인한 교회 사역이 증가하면서 평신도들은 많은 경험들을 토대로 개인의 역량이 성장하였다. 하지만 시간이 갈수록 더 이상 교회가 성장하지 못하게 되었고 성도의 숫자 또한 급감하는 현상이 벌어졌다.

다양하고 세분화된 교회의 사역을 과거에는 청년들 여러 명이 감당하다가 지금은 소수의 청년들이 모든 사역을 감당하게 된 것이다. 현재는 소수의 청년들로 인해 사역이 유지되기는 하지만 한 세대만 지나도 사역을 감당할 수 없게 될 것이다. 왜냐하면 지금의 청년세대들은 사역을 중고등부 때부터 시작하기 때문이다.

하지만 지나치게 학업에 치중된 대한민국의 풍토가 교회 내의 활동에도 많은 영향을 끼쳤다. 즉, 현재 사역자들의 대부분은 교회학교 시절 임역원을 경험한 학생들이다. 그들은 청년부가 되어서도 교회의 사역을 담당하지만 그들이 생각해왔던 교회의 사역은 중고등부 때 임원으로 섬겼던 수준의 사역이다. 중고등부 때 임원들은 그저 중고등부 부장집사님과 교역자분들이 모든 것을 준비해주시고 그저 예배나 찬양을 인도하는 정도의 사역이었다. 시간을 내거나 고민은 하지 않고 앞에서 보여지는 부분만 섬기는 사역이다.

---

[2] 네이버지식백과사전

또한 중고등부 때부터 부모님들이 집사와 장로, 권사임에도 불구하고 그 부모님들은 "중고등부 시절에는 교회활동이 학교생활에 지장을 준다"라고 지속적으로 교육하고 있다. 따라서 중고등부 사역은 갈수록 수준이 떨어진다.

하지만 청년부의 많은 사역은 기획, 동기부여, 예산확보, 실행 및 피드백 등 많은 시간이 소모된다. 이러한 사역을 교회생활 20년 동안 경험해보지 못했던 청년들은 자연스럽게 교회의 사역이 자신의 일에 지장을 준다고 생각하게 되었다. 그래서 그들은 교회학교에서 체험하고 경험해온 사역의 수준에서만 섬기려고 하는 상황이 지속된다. 따라서 대부분의 많은 사역을 평신도들이 준비하는 것이 아니라, 교역자들이 기획, 책임, 감당하게 되었다.

그래서 교역자들은 지도력이 많이 약해진 청년을 신뢰할 수 없게 되고 청년들 또한 책임지는 것이 싫어 교역자들에게 많은 부분을 양보해왔다. 예전처럼 함께 동역하지 않아서 자신의 역량을 성장시킬 수 있는 기회마저도 줄어들었다.

이러한 상황 속에서 남은 청년리더들은 더욱 많은 사역들을 감당해야만 한다. 개인의 역량이 성장할 시간도 없이 많은 사역을 삼낭하다 보니 사역의 목적과 내용에 집중하기보다는 그저 사역을 유지하는 것도 버거운 현실이다. 자연스럽게 교회 내 사역의 질이 떨어지게 되었으며 사람들이 더 참여하지 않게 되는 악순환이 반복되어 왔다.

그래서 더 이상 청년들은 교회에서 많은 것들을 체험하길 바라지 않는다. 그리고 시간을 쏟고자 하지도 않는다. 청년들은 세상의 힘 듦을 핑계로 교회의 사역을 자신이 일이 아니라고 생각한다. 교회의 대소사는 교역자들이 만들어 내는 산물이라고 생각한다. 초기교회에서는 집사와 장로들을 세워 서로 동역하게 했는데, 지금의 청년부들에게 사역은 그저 교역자를 돕는 것뿐이다. 너무 불안하다.

이러한 실정 속에서 한국교회의 성도 수가 더욱 줄어들게 되면 교회는 지금의 교역자의 인건비를 유지할 만큼의 헌금조차 들어오지 않게 된다. 교회는 평신도들에게 십일조가 아니라 십의 사조, 오조의 헌금을 필요로 할 것이다. 그와 더불어 지금의 헌신의 5배 이상을 요구할 것이다. 그러한 시대가 도래하기까지 시간이 많이 남지 않았을 텐데, 과연 이것을 미리 생각해보고 고민하면서 마음의 준비를 하고 있는 청년이 존재할까? 상상만으로도 매우 끔찍하다. 청년 세대가 줄어드는 문제의 해결은 교회학교에서부터 시작해서 전 방위에 걸쳐서 해결해야 하는 숙제이다.

위의 여러 문제점과 함께 더욱 깊이 논의해볼 문제는 교회 사역의 양과 질이 많이 변화되었다는 것이다. 현재의 기성세대들이 청년부 때의 교회 사역을 돌아보면 방송실, 엔지니어, 찬양팀도 없었다. 당시에는 기타도 없었고 기타를 칠 줄 아는 청년도 없었다. 그러나 사회와 문화가 발전하면서 교회에는 음향엔지니어, 방송엔지니어, 조명, 프레젠테이션, 동영상 등 미디어 관련 사역자가 필요하게 되었다.

찬양팀을 운영하면서 피아노뿐만 아니라 기타, 베이스, 드럼 등의 악기를 다룰 줄 아는 사역자가 필요하게 되었다. 노래를 잘하는 사람, 준비를 잘하는 사람, 중보기도를 잘하는 사람 등 자신의 강점을 기반으로 하는 다양한 찬양 사역자를 구별하기 시작하였다.

교회가 성장하면서 개인의 역량이 성장하는 속도에 비해 사역의 질과 교회의 시스템의 성장이 가속화되고 있는 실정이다. 또 기성세대들의 청년 시절에는 교회에 청년들이 많았기 때문에 여러 청년들과 함께 사회활동 및 사회문제에 적극적으로 참여하면서 교회에서 사회문제를 해결하고 개선하는 데 중추적인 역할을 해왔다.

현재의 교회와 청년들이 교회 내에서 사회문제에 대해서 적극적으로 참여하면서 해결할 수 있는 여유와 개인의 역량이 있을까? 쉽게 표현하자면, 사회에서 대기업은 개인의 역량이 부족해도 체계와 시스템으로 부족한 부분을 보완하여 운영해 나간다. 반면에 중소기업에서는 부족한 체계와 시스템을 개인의 역량으로 채워 운영해 나간다. 현재 우리 교회의 모습도 동일하지 않을까 한다.

대형교회는 전통과 시스템으로 다양한 사역자를 양성할 수 있고 사례비를 주면서 사역을 담당할 청년들을 계속해서 양성할 수 있다. 반면에 중소교회에서는 개인이 여러 개의 사역을 하며 사역의 대부분의 역할을 청년 개인의 역량으로만 채워야 한다. 이렇게 중소교회에서 사역하고 있는 청년들은 대형교회의 모습을 바라보면서 똑같이 섬기는데 사례비를 받지 않는 자신의 교회를 떠나 대형교회로 이동하게 되는 상황까지 초래하게 되었다.

물론 대형교회의 시스템이 나쁘다는 것이 아니라 대부분의 한국교회는 중소교회이고 매우 소수가 대형교회라는 데 문제가 있다. 이러한 상황이 지속되면 중소교회는 점점 사역자를 잃어가고 대형교회도 계속해서 사역자를 외부에서 초빙해야 할 것이다.

마지막으로, 청년빈곤현상의 가장 큰 문제는 지금의 교회를 지금만큼도 유지하지 못하게 될 것이라는 점이다. 한국교회는 헌금과 성도들의 헌신(사역)으로 운영된다. 그러나 앞에서 언급했던 개인의 역량으로 감당할 수 없는 사역들이 늘어날 것이고 이에 사역을 감당하기 힘들어질 것이다. 그리고 점점 더 청년이탈현상과 청년빈곤현상이 가속화되면서 교회를 운영할 수 있는 헌금 또한 부족한 실정으로 이어질 것이다.

교회를 증축하거나 신축하는 것이 언젠가부터 트랜드화되면서 유행으로 번지기 시작하였다. 많은 교회들은 교회가 부흥할 것으로 생각하고 많은 부채를 지고 교회 건축에 몰입하였으나 현재는 대다수의 교회들이 헌금이 늘어나지 않아 기존에 있던 부서들의 예산을 삭감하면서 부채를 감당하고 있다. 그에 따라 교회를 부흥시키고 발전시켜야 되는 예산을 긴축하고 교회 부채를 갚는 데 사용하니, 성도는 더욱 줄어들고 더 많은 예산을 삭감해야 하는 악순환이 반복되고 있다.

즉 건축물은 휘황찬란한데 정작 중요한 사람은 그 안에 없어지는 현상이 발생한다. 그리하여 그리스도의 몸인 교회를 경매로 넘기는 상황까지 이르렀다. 이러한 상황은 마치 국민연금을 후대의 많은 사람들이 감당해야 하는 것처럼 현재의 교회 부채와 교회 운영 상황을 고스란히 청년세대와 다음세대가 감당해야 하는 것이다.

본 교단 교세 현황에 의하면 청년세대는 교세 전체의 2.1%이며, 각 교회에도 전체 교인에 비해 청년세대는 10% 미만인 실태이다. 10%의 청년세대와 다음세대가 교회의 운영을 그대로 감당하려면 과연 십의 일조로 가능한 것인지에 대한 의문이 든다. 100명이 감당하던 사역을 2명의 헌신과 헌금으로 그대로 감당해야 하는 것은 실현 가능한 것일까?

청년이(성도가) 교회를 점점 떠나고 있는 실태 속에서 청년세대는 과연 십의 오조, 육조를 드리면서 지금보다 더욱 많은 사역을 감당할 수 있는 헌신이 준비되어 있을까? 이러한 고민은 도대체 누가 하고 있는가? 이로 인한 한국교회의 존속 가능성에 대해 깊이 고민해야 한다고 생각한다.

2) 공동체 의식 약화: '개교회주의'를 넘어선 '개인신앙주의'

한국 사회에서 자본주의가 발전하게 되면서 한국교회가 점점 부흥하고 한국 경제와 함께 교회도 빠르게 성장하였다. 한국교회가 점점 성장해가면서 총회는 교회를 총괄할 노회를 설립(또는 분립)하여 지교회를 지도 및 감독하고자 하였다. 그러나 교회가 계속해서 대형화가 되면서 교회는 노회나 총회 등 어떤 기관으로부터 간섭을 받지 않고 모든 행정과 운영을 독자적으로 수행하기 시작하였다.

그에 따라 교회에서 노회나 교단에 대한 교육을 하지 않았고 이러한 상황이 심화되면서 청년세대는 노회나 교단에 대한 인식이 부족해졌다. 그로 인해 공동체의 본질을 잃어버리고 지교회의 성장만을 고수하면서 '개교회주의'가 들어서기 시작하였다.

한국교회에 성장을 최우선으로 여기는 '교회성장주의'와 '개교회주의'가 동시에 들어서면서 청년세대와 다음세대들은 자신이 섬기고 있는 교회 외에는 모두 이단으로 보거나 주 안에서 하나의 공동체와 교회로 바라보지 않게 되었다. 또한 총회 헌법을 무시하고 세습을 강행하는 교회가 발생하였으며, 노회와 재판국은 작금의 사태에 대해 번복을 반복하였다. 그 결과로 인해 교회들이 교단에 불복하여 교단을 탈퇴하는 상황도 볼 수 있었다.

청년세대는 이러한 상황들에 대해 아무런 정보가 없고 심지어 정치적인 문제로 받아들이면서 목회자가 진행하는 것이라고 착각하여 무관심으로 일관했다. 청년들은 오직 예배와 자신의 교회 내 사역에만 치중하고 예배 외 공동체, 사회 참여 등과 관련된 활동에는 참여하지 않으며 교회 내에서 점점 더 고립되고 폐쇄성을 갖기 시작하였다. 사회나 타 교회, 공동체의 상황을 돌아보지 않고 오직 우리 교회의 내부적인 활동만으로 모든 갈급함을 해결하고자 하였다.

그로 인해 일부 청년들은 교회의 성공 척도를 교세와 환경, 시스템으로 판단하게 되었다. 그 속에서 청년들은 예배도, 찬양팀도, 세션도, 시스템도 체계적으로 운영되는 교회를 찾기 시작했으며 본인이 섬기고 있는 교회가 늘 최고라고 착각하게 되었다. 혹시나 내가 섬기는 교회보다 주변 교회의 세션이나 시스템이 더 비싸고 좋은 것들이면 자격지심에 빠지곤 하였다. 좀 더 거시적인 관점에서 자신의 청년부 문제를 해결하려고 하는 것이 아니라, 예배, 영성, 교육 등 실제로 본인들이 해결할 수 없는 문제들을 중점으로 해결책을 제시하고 사역하였으니 청년의 문제는 더욱 심화되었다.

그리고 '개교회주의'보다 더 심각한 현상은 '개교회주의'로 초래된 '개인신앙주의'다. '개인신앙주의'는 예수님의 모습을 닮아가고 그분의 삶을 살아가려고 노력하는 삶보다는 내 스스로의 신앙관만 잘 지키면 된다는 가치관이다.

'개인신앙주의'로 인해 내가 섬기고 있는 교회가 최고였던 마음은 어느 순간 '나'의 신앙생활이 최고가 되는 마음으로 변질되었다. 신앙생활의 다양성을 무시하고 예배를 섬기는 횟수, 얼마나 성경을 읽느냐의 숫자로 정형화된 데이터에만 모든 신앙생활의 틀을 맞추어 놓고 그것들을 지키지 못하면 타인을 정죄하였다. 상대방이 올바른 길로 가기 위해 쏟는 노력이나 마음을 보기보다는 예배의 참석 횟수를 기준으로 타인의 신앙생활과 경쟁하고 비교하며 판단하였다.

교회 내 활동에서 보여지는 부분만이 개인의 신앙의 척도를 제일 잘 드러낼 수 있었으며 그 외에 공동체와 소통과 보이지 않는 헌신은 신앙생활에서 중요한 부분이라고 인정받지 못한다. 개인신앙주의를 표명하지만 사실 타인에게 인정받는 신앙생활을 하고 싶어 하도록 교회가 분위기를 조장하고 있지 않는가 하는 생각마저 든다. 하나님을 만날 수 있는 방법은 다양함에도 불구하고 많은 교회들은 예배만 잘 참석하면 된다고 교육한다. 예배의 횟수와 규율이 개인 신앙의 잣대로 확립되어 예배를 고수하며 타인을 판단하고 정죄한다.

이러한 상황 속에서 일부 청년들은 정죄와 간섭을 받지 않기 위해서 나를 간섭하지 않는 대형교회로 옮겨가는 현상이 발생하였다. 그래서 대형교회로 사람들이 더욱 몰리는 것이다. 청년들은 교회에 출석하여 예배는 드리지만 그 외에 소그룹 모임과 같은 활동에는 참석하지 않는다. 본인의 인생을 교회생활로 소비하고 있다는 생각이 바닥에 있기에 청년들은 누구보다 교회 내 신앙활동을 '예배'로 한정한다. 그 외의 모든 활동은 부가적인 활동이라고 생각한다.

하지만 기존의 한국교회를 바라보자. 신앙과 예배를 강조하여 흘러온 20년 동안 교회의 성도는 감소했고 사람들은 교회활동을 개교회주의에서 개인신앙주의로 축소했다. 예배만 강조했는데 더욱 주님을 갈망하는 것이 아니라 더욱 미니멀한 신앙을 갈급한다. 뭔가 이상하지 않는가? '개교회주의'가 초래한 '개인신앙주의'가 다르게 생각하면 예배와 개인을 중요시하는 매우 좋은 요소임에도 불구하고 그에 따른 결과로 성도는 점점 줄어가고 교회활동에 참석하는 사람도 줄어들며 하나님과 내 삶이 일치되는 것이 아니라 내 삶의 매우 작은 일부분이 주님의 일이 되어 버린 모순을 만들어 내고 있다.

3) 신앙생활의 가성비와 효율성

삶을 살아가면서 제품 외에 회의, 공부 등에 많은 상황과 문제에 대하여 '가성비'를 드는 사례를 종종 볼 수 있다. '가성비'의 사전적 정의는 소비자가 지급한 가격에 비해 제품의 성능이 얼마나 큰 호용을 주는지를 나타내는 단어다. 쉽게 표현하면 최소한으로 최대의 효과를 낼 때 사용하는 단어다.

그런데 신앙생활에서의 '가성비'라는 단어를 쓰는 것이 적절하지 않을 수도 있지만 이 시대의 청년들의 신앙생활 속에서 존재하는 다음의 몇 가지의 사례를 신앙생활의 '가성비'와 효율성으로 표현하고자 한다.

장청은 청년세대들과 소통하면서 공통된 문제를 인식하게 되었다. 일부 청년세대들은 주일예배만 참석하는 것만으로 만족감을 가지고 있었다. 즉 주일예배 참석만으로 하나님께 자신의 도리를 다하고 있다고 착각하는 것이다. 한국교회에서의 신앙생활이라 함은 예배와 말씀이 많은 비중을 차지하며 더욱이 이것을 신앙생활의 주 본질로 착각하고 있던 것이다. 물론 예배와 말씀이 본질이 아니라는 것이 아니다. 예배와 말씀도 중요하지만 그에 따른 공동체와 교회도 중요함과 동시에 신앙생활에 있어 우선순위와 중요도를 따질 수 있는 것들이 없음을 말하고자 하는 것이다.

우리는 하나의 의구심이 들었다. 한국교회가 부흥하면서 제일 공을 들였던 부분이 말씀과 예배에 대한 문제점들이었다. 교단은 높은 수준의 교역자들을 양성하기에 온 힘을 쏟았고 개교회는 예배의 질을 높이기 위해 많은 노력을 했다. 그 노력들 중에 한국교회가 급성장하면서 제일 우선으로 했던 것은 예배당 건축(리모델링)이다.

21세기의 교회는 교회의 크기와 상관없이 1970-1980년대보다 훨씬 좋은 시스템과 세션, 예배당에서 예배를 드린다. 예배를 드릴 수 있는 최고의 환경은 갖춰져 있다. 더 좋은 예배와 말씀을 강조하여 말씀을 잘 전할 수 있도록 목회자의 유학 및 교육(신학교)에 많은 노력과 예산이 소비되었다.

그러나 1970-1980년대보다 훨씬 좋은 환경과 질 높은 설교를 예배가 갖추어졌음에도 불구하고 성도는 왜 급속히 줄고 있는 것인가에 대한 의문이 든다.

현재 교회에서 하고 있는 활동(복수선택)

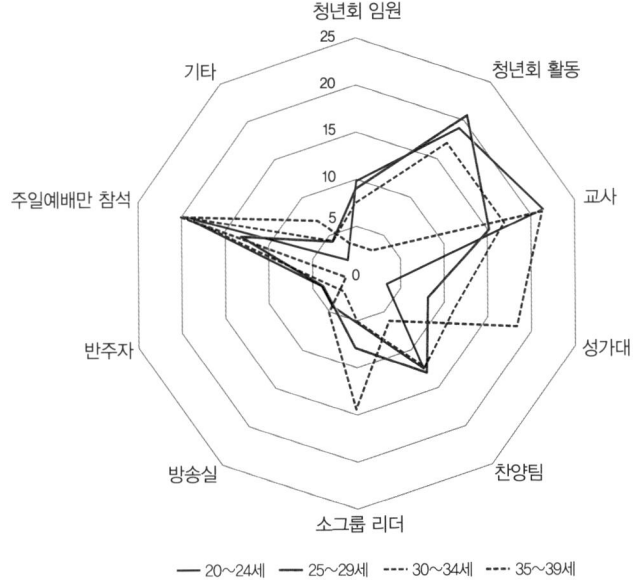

[그래프 11. 현재 교회에서 하고 있는 활동(복수선택)]

[그래프 11]을 참고하면 중고등부(19세 이하)가 졸업 후 청년부에 들어오면서 받고 있던 사역을 내려놓고 점점 주일예배만 참석하는 인원이 늘어나는 실태를 확인할 수 있었다[3]. 신앙생활에서 예배, 기도, 말씀, 공동체, 사랑, 헌신, 사역 등 교회의 전반적인 활동이 전부

---

3) 《한국교회, 청년이 떠나고 있다》, p.147, EYCK&NCCK 청년위원회, 2017.

중요한 부분임에도 불구하고 이 시대의 청년들은 예배와 말씀만 중요하다고 스스로를 합리화시켜 신앙생활에 가성비를 논하고 있다. 예배와 말씀만이 최우선시 되어 주일예배 중에서도 오전예배, 그중에서도 설교만 듣고 있다. 설교를 듣는 것을 하나의 면죄부로 생각하고 있는 것이 현재의 청년들의 실태다.

사회 속에서 청년들은, 살아가면서 자신의 한계를 극복하기 위해 끊임없이 노력하는 모습에 반해 교회 내에서는 주 1회 예배를 드렸으니 하나님 앞에서 괜찮고, 사역을 담당했으니 괜찮다며 교회 내 봉사, 헌신에 대한 자신의 최선을 합리화시키고 있었다.

과연 무엇이 중요한 것인가? 신앙의 본질은 무엇인가? 과연 청년들이 이때까지 들어왔던 설교와 교육들은 청년들을 어떻게 변질시켜 왔는가? 도대체 어디에 문제가 있는 것인가? 많은 연구들이 필요한 부분이라고 생각한다.

성경에서 예수님이 어느 것 하나에 초점을 두시지 않으셨듯이 예배와 기도, 전도, 말씀, 찬양, 공동체에서 우선순위를 둘 수 없고 중요도를 따질 수도 없다. 예배도 중요하지만 기도, 찬양, 공동체, 주님에게 쏟는 모든 노력, 활동, 마음, 모든 것이 중요하다. 하나님은 그 모든 것을 지켜보고 계신다. 그럼에도 불구하고 신앙생활에서 예배와 말씀만 우선적이라 판단하고 예배만 드려도 된다는 인식이 자리 잡아 마치 '선데이 크리스천'의 모습으로 변질되고 있는 우리의 모습을 볼 수 있다.

예배의 참석 횟수로 신앙생활의 척도를 판단하는 청년세대는 신앙생활에 있어 가성비와 효율성을 추구한다. 이러한 현상이 지속된다면 더욱 미니멀한 예배를 청년들 스스로 만들어 낼 것이다. 언젠가는 "마음만 있다면 다 된다"라는 말도 나오지 않겠는가? 현재 청년세대들은 주님을 믿고 신뢰한다는 말의 뜻을 너무 축소 해석하여 내가 주님에게 도리는 한다고 생각하여, '최소의 시간으로 최선의 효과' 정도로 포장하고 있지 않을까 고민을 해본다.

4) 개교회주의

한국교회의 개교회주의는 이미 오래전부터 진행되어 왔다. 개교회주의가 한국교회 성장에 많은 긍정적인 요소를 주었던 것이 사실이다. 교회가 지역사회 속에서 직접적으로 많은 사역을 감당했기에 한국교회가 급성장하여 여기까지 올 수 있었다. 하지만 좋은 점이 있다면 부정적인 부분도 존재하기 마련이다. 지역사회 속에서 자신의 교회가 어떻게 성장해왔는지를 경험해 본 세대들은 똑같은 방식으로 많은 사역들을 진행했고, 부흥을 경험해 보았다. 그리고 부흥한 교회와 그렇게 못한 교회가 분명하게 나누어졌으며, 부흥하지 못한 교회는 그 나름대로의 이유가 존재했다.

그러한 경험들을 토대로 기성세대들은 각자의 교회의 특성과 다양성을 존중해주는 것이 아니라 본인들의 방법만이 옳다고 여기게 되었다. 이러한 형태로 개교회주의가 심화되면서 성도들이 자신의 교회

사역만을 절대시하는 성향이 강해졌으며, 자신의 교회가 가르치는 가치와 사상에는 그 어떠한 비판 의식 없이 그저 받아들이기 시작했다.

그에 따라 교회를 구성하고 있는 당회와 담임목사님의 방향에 무조건적으로 순종하며, 그들이 제공하는 교육과 예배에 열광하기 시작했다. 만약에 예배와 교육이 더 이상 마음을 움직이지 못한다면, 자신의 마음을 움직일 수 있는 교회와 예배를 찾아다니기 시작했다. 이때부터 교회 내에서 공동체 의식보다는 말씀과 예배 그리고 감성적인 교육을 우선시하지 않았나 싶다.

성경교육과 말씀을 항상 부족하다고 배워왔기에 더욱 이단의 말에 귀를 기울이지는 않았을까? 말씀과 예배만 보고 선택하라고 종용하는 신천지의 전도 사례만 보더라도, 자신이 섬기던 교회의 장로가, 집사가, 전도사가 있는 성경공부 모임이 과연 이단이라는 의심조차 할 수 있었을까? 이단에 속아서 자신의 귀에 너무나 달콤한 말씀을 들었지만 말씀만이 최고로 중요하다고 여겨지는 풍토에서 이단이었음을 알게 되더라도 이단을 떠나지 못하도록 만들지는 않았을까? 자신은 특별하고 선택받았다고 얘기하는 이단의 전략과 한국교회의 교육에 공통점이 존재하지는 않을까?

개교회주의는 교회가 자정력을 잃게 되었을 때 브레이크 없는 폭주 기관차처럼 만드는 요소이다. 매우 무섭고 빠르게 변질되어 간다. 우리는 개교회주의가 심화시킨 이단과 교육의 문제를 바로잡지 않는다면 앞으로 순진하고 열정 넘치는 많은 청년들이 더욱더 한국교회를 이탈하리라고 확신한다.

　⑴ 이단

　사회가 급변하면서 한국교회의 성장이 멈춤과 동시에 급성장한 이단을 볼 수 있다. 성경을 믿는 현재의 한국교회는 급속도로 붕괴되고 있는 반면 자신들만의 교리를 내세우는 이단은 지속적으로 부흥하고 있는 실정에 대해 깊이 고민해봐야 한다.

　이단에 넘어가는 사람들의 대다수는 기존 교회를 오랫동안 섬겨왔던 사람들이다. 특히 열정적이고 마음이 약한 청년들이 더욱 쉽게 이단에 넘어가는 것 같다.

　이단이 발생하는 원인으로 기존의 종교에서 발생하는 결함을 들 수 있다. 기존 교회의 제도적인 부패와 타락, 폐쇄성을 비롯한 율법주의적 신앙생활의 반작용과 교회가 개인에게 현실적인 감정, 심리, 사회적 욕구의 갈급함을 채워주지 못하는 등 다양한 이유가 있을 것이라고 생각한다.

　그렇다면 이단이 성장할 수 있는 원인은 무엇일까? 방법은 무엇일까? 이단들은 주로 기존 교회의 신자들을 포교의 대상으로 삼는다. 이단의 포교가 성공하는 주축 멤버는 청년세대이다. 이단의 현재 상황은 한국교회와 반대로 청년세대가 부흥하고 있는 실태이다. 부흥하는 이단을 바라보면 같은 시대와 시간 속에서 교회가 무엇을 잃어버렸는지를 고민하게 된다.

그렇다면 말씀과 예배를 강조하는 청년들은 왜 이단을 분별하지 못하고 포섭될까? 앞서 언급한 것처럼 한국교회에서는 말씀과 예배를 가장 중요하게 여기는 동시에 청년세대도 말씀과 예배를 우선으로 생각한다. 이단의 포교 방법도 성경과 말씀이다. 한국교회는 청년세대에게 예배와 말씀을 강조했다. 이러한 상황으로 인해 청년들은 자신의 사회적 지위와 환경의 어려움을 예배와 말씀의 부족이라고 판단하여 갈급함을 느낀다. 갈급함 속에 계속해서 예배와 말씀에 매달리면서 얼핏 듣기에 그럴듯한 이단의 교리에 빠지게 된다.

이단은 청년세대에게 다가올 때 무조건적인 순종을 요구하는 것보다는, 말씀에 이해도를 높여 깨달음을 얻는다고 생각하며 마치 자신의 어려움이 해소되는 것처럼 느끼게 한다. 한국교회에서와는 다르게 개인의 눈높이와 개인의 성향 등에 맞게 다양한 방법으로 세부적인 계획을 세워 포섭한다.

청년들은 개인에게 잘 맞춰진 이단을 통해 기존 교회에서 얻지 못하는 심도 깊어 보이는 성경공부와 나눔, 관계를 통해 현실적인 감정, 심리, 사회적 욕구를 채워나감과 동시에 신앙 욕구 또한 채우는 것이다.

말씀과 예배만이 한국교회의 최고의 가치로 변질되면서 말씀과 예배에 갈급한 청년들이 이단으로 많이 빠지고 있다. 이러한 실태에 대한 한국교회의 대응과 대안은 무엇인가? 교회 입구에 신천지 출입금지의 포스터만 붙이는 것만이 한국교회가 이단을 대처하는 최선의 방법일까? 청년들이 왜 이단에 빠지는지, 왜 청년들은 이단임을 알게 되더라도 이단을 빠져나올 수가 없는지, 왜 그들은 기존의 교회보다 이단을 선택하게 되는 것인지, 청년들이 교회에서 해결(해소)되지 않는 문제는 무엇인지 파악하고 고민하는 것이 우선이지 않을까?

(2) 교육

한국교회는 흔히들 '제자훈련' 혹은 '양육훈련'을 많이 도입하여 진행하고 있다. 예수님께서 훈련을 통해 제자들을 만드신 것처럼 교회에서도 훈련을 통해 청년들을 예수님 제자처럼 양육하기 위해 진행한다. 그러나 훈련에 대해서 우리는 한 번쯤은 고민해 봐야 하지 않을까 한다. 한국교회에 트렌드화되고 우리가 경험했던 양육 및 훈련 프로그램을 사례로 살펴보자.

4)-(2) 사례 1. '알파코스'

'알파' 프로그램을 통해 전도와 소그룹 운영, 중보기도, 경배와 찬양 등에 대한 프로그램이 있고 이 프로그램은 주로 3개월(10-15주) 정도 지속한다. '알파' 프로그램은 애초에 영국에서 새신자들이 교회에 정착하기 위한 프로그램으로 새신자의 눈높이에 맞춰 개발된 것이다.

한국교회에서는 '알파'를 새신자 외에 모태신앙부터 청년부에 등록되어 있는 모든 청년들을 대상으로 실행하였다. 새신자를 위해 개발된 교육 프로그램이지만, 실제로 청년들이 줄어가고 있는 상황 속에서 '알파' 프로그램은 교육을 받았던 청년에게도 계속적으로 진행하였다.

그러나 '알파'에서 드러나는 목적은 복음의 전파, 교회의 성장이지만 실제로는 교회를 동질화하려는 목적으로 세계적으로 프렌차이즈화시키며 알파 코스의 깃발을 꽂는 것을 중시하면서 신비주의적 체험을 근거로 비성경적인 전도와 함께 주관적 체험을 근거로 구원을 확신하게 하는 점에서 이단의 논란이 있었다.

4)-(2) 사례 2. '두 날개'

'두 날개' 양육 시스템은 총신대학교[4], 고신대학교[5], 성경신학대학원[6], 한국세계선교협의회[7] 등의 교계에서 공인 혹은 공조직

---

[4] "'두 날개 양육시스템'을 통해서 교회의 건강성을 되찾고 생명력 넘치는 목회 현장을 경험한다는 소식은 고무적입니다. 《두 날개를 말하다》는 개혁주의 신학적 관점에서 두 날개 교회론을 정립하는 데 새로운 도전과 혁신을 주므로 이 책을 적극 추천합니다." - 총신대학교 총장 정일웅
[5] "김성곤 목사님(《두 날개 양육시스템》 저자)은 '건강한 교회 세우기'에 혁신을 일으키고, 전 세계 교회들을 깨우는 이 시대의 영적 리더입니다. 특히 개혁주의 신학전통에 근간을 둔 《두 날개를 말하다》는 세속주의가 만연한 이 시대 목회자들에게 큰 신뢰를 줄 것입니다." - 고신대학교 총장 김성수
[6] "《두 날개를 말하다》는 건전한 교회의 성경적 교훈과 교회다운 본연의 모습을 회복하도록 교회관을 체계화하였는데, 본서는 교회의 건강한 부흥을 고민하는 여러 목회자들과 한국교회의 성장에 크게 이바지하리라 믿고 적극 추천합니다." - 성경신학대학원대학교 총장 박형용
[7] "《두 날개를 말하다》는 확고한 선교적 목회 비전으로 오늘날의 교회 방향, 목적, 가치관, 창의적 제자 양육 시스템, 개혁주의적 선교 등을 제시하였습니다. 제자의 삶을 추구하는 목회자, 선교사, 신학도, 평신도들에게 크게 유용하므로 적극적으로 추천합니다." - (사)한국세계선교협의회 대표회장 강승삼

이 추천한 교육 프로그램이었다. 이후 '두 날개'[8] 프로그램을 적용한 13명의 목회자들의 사례들까지 책으로 소개될 만큼 획기적으로 개발된 교육 프로그램이었다.

'두 날개' 프로그램은 리더를 양육하기 위한 교육 프로그램이었으나 청년세대들이 급격히 감소하는 상황에 따라 리더가 아닌 새신자들을 비롯해 소위 '아무나' 받는 교육 프로그램으로 변질하였다.

'두 날개'의 문제점은 '두 날개' 양육 훈련을 받은 자는 공동체에서 리더를 맡으면서 주관적인 경험을 잣대로 삼아 공동체의 교훈으로 심게 되는 문제점을 발견하였다. 즉, 리더 개인의 역량과 주관적 경험에 따라 공동체의 방향과 색깔이 달라지는 실태를 초래하게 되었다.

그리고 '두 날개' 프로그램도 '알파'와 같이 이단성의 논란이 불거졌다. 삼위일체 하나님이 공동체로 존재하고 이로 인해 셀 그룹 지상주의를 도래하고 가계저주론, 죄의 혈통유전설, 인간 3분설 등과 담임목사에게 모든 권한을 집중시켜 예수님과 동급으로 각인시키는 점이 논란이 되면서 이단설이 난무하였고 목회자들의 주의가 필요함이 강조되었다.

이처럼 교육과 양육을 중요하게 여기는 목회자(교회)가 교육의 질

---

[8] 《건강한 교회 세우는 목회 레시피(두 날개 양육시스템을 적용한 13명 목회자들의 살아 있는 변화와 간증)》, 김성곤, 2012.02.20, 출판사: 두 날개

은 연구하지 않고 트렌드화된 프로그램을 좇아가기만 한다. 더욱이 100년의 역사를 자랑하는 한국교회는 제대로 된 교육 프로그램조차 가지고 있지 못해서, 실패한 유럽이나 미국의 프로그램들을 그대로 카피한다. 그리고 하나의 트렌드가 자리 잡으면 너도나도 그 프로그램을 실행해 본다.

교육과 양육의 가장 핵심은 대상이다. 교육과 양육의 대상을 고려하지 않고 검증된 프로그램만 실행하려고 하는 것이다. 실제로 교육을 하려면 많은 공부와 노력이 필요하다. 하지만 한국교회의 시스템 속에서는 질 높은 교육을 개발할 시간이 교역자들에게 없다. 그리고 그들에게는 자신이 섬기고 있는 교회 성도들의 수준과 상태를 확인하고 지켜볼 만한 시간과 여력 또한 주어지지 않는다. 교회와 성도들의 신앙 성장을 위해 프로그램을 도입하는 것이 나쁜 것이라고 생각하지는 않지만 그 교회의 특성과 교육을 받을 대상들에 대한 분석이 선행되어야 한다고 생각한다. 또한 이를 도입할 때 철저한 검증을 할 필요가 있다고 생각한다.

트렌드화된 교육 프로그램을 적용시킬 때 교육 대상의 눈높이를 맞추지 않는다면 오히려 많은 문제를 야기하며 치명적 오류를 범할 수 있다. 이렇게 무분별한 교육 프로그램들은 성도들로 하여금 교회 교육에 대한 신뢰도를 무너뜨리며, 이단의 교육 프로그램보다 훨씬 못하기에 성도들을 이단으로 빠뜨리고 만다.

한국교회 성도들 가운데 한 번도 교육을 받지 못한 사람이 어디 있는가? 교육을 받았음에도 불구하고 변하지 않는다면, 교육을 받았음에도 깨우침이 없다면 문제가 있는 것이 아닐까? 교육 프로그램을 도입하기 전에 교육의 대상에게 필요하고 알맞은 교육에 대해 정확한 파악을 하지 않는 교회가 과연 올바른 교육을 통해 올바른 청년을 양육하고 양성해 갈 수 있는지 의문이 든다.

두 번째로는, 우리는 설교시간과 큐티시간에 '구별된 삶'이라는 것을 종종 들어봤을 것이다. 우리가 배우고 알고 있는 구별된 삶에 대해서 고민해봐야 한다고 생각한다. 구별된 삶은 '세상의 것'과 '세상 사람'으로 구분하고 그들과 별개로 살아가는 것이 아니다. 그들 속에서 주님의 영광을 드러내는 것이다.

그리스도인의 구별된 삶을 배우면서도 우리의 모습은 세상과 단절된 삶으로 계속 나아가고 있는 모습을 보게 된다. 세상과 더불어 살아가던 초대 교회와 예수님의 모습은 찾아볼 수 없다. 세상과 구별된 삶을 강조했지만 정작 교회에 적응하는 자와 적응하지 못한 자가 구별되었다. 교회에서 만들어 놓은 신앙인에 대한 인식과 인식의 강요를 인정하고 받아들이는 자는 교회에 적응하는 것이고, 이를 거부하는 청년들은 교회에 적응하지 못하고 교회를 겉돌게 된다.

그렇다면 반대로 교회에 적응한 자가 변화가 빠른 세상 속에서 적응하는가에 대해 고민해 보면, 교회에 적응한 자는 교회에서 배운 세상과 신앙인의 인식을 분별해내지 못하고 세상에 적응하기 어렵다. 이렇게 교회에 적응한 자는 세상에, 교회에 적응하지 못하는 자는 교회에 이질감을 상승시키는 결과를 내고 교회와 세상 중 양자택일을 해야 하는 상황까지 벌어지고 있다.

성경에서 예수님의 모습을 살펴보면 세상과 더불어 살면서 세상에서 하나님의 영광을 드러내는 소금과 빛의 역할을 감당하셨다. 그런데 과연 교회에 적응한 자는 세상에서 소금과 빛을 내는 역할을 하는지, 무작정 세상과 단절하지 않는지, 교회에만 고립되어 있지 않은지에 대해 다시 한 번 깊은 고민을 해 보아야 한다.

마지막으로는 교회 내에서 청년사역의 개혁과 변화는 목회방침에 따라 목사에 의해 움직여진다. 실제로 개혁할 부분과 변화할 것을 알고 있는 청년세대들에게는 아무런 기회조차 없는 것이다. 실제로 우리는 청년부의 활동에 있어서 기존에 불편하거나 문제가 있던 방식에 변화를 주기 위해서는 당회의 허락과 교역자의 허락이 필요하다. 각 교회 청년부가 어떻게 운영되어지는지, 운영에는 어떠한 문제가 있었는지에 대하여 청년부 예배에 참석해 보지도 않은 당회가 잘 파악하고 있을까? 그렇다면 2-3년마다 주기적으로 바뀌는 지도/담당 교역자가 청년부를 잘 파악하고 있을까?

그들도 아니라면, 청년부의 개혁과 변화는 누가 잘 이끌어낼 수 있을까? 청년부 예배와 모임, 사업에 참여한 당사자가 제일 잘 파악하고 있지 않을까? 청년부 활동(예배, 모임, 사업 전반 내용을 활동이라고 표현)에 참여한 청년이 문제와 원인을 잘 파악하고 같은 청년세대에게 알맞은 해결책을 모색할 수 있을 것이라고 생각한다.

1919년 3·1 운동이 일어나기 전, 2·8 기미독립선언 시 33인 중 16인이 기독교인이었으며 청년이었다. 기미독립선언으로 이어진 3·1 운동 또한 학생과 청년들을 주축으로 일어나서 일제의 무단통치가 문화통치로 변화되는 것에 기여하였다. 일제강점기 시대에 독립을 외치며 목숨을 바친 윤봉길 의사, 이봉창 의사도 청년이었다.

　또한 1980년대에 있었던 군사독재정부에 대해서 몸을 던진 것도 기성세대가 아닌 대학생과 청년세대이다. 당시의 기성세대들은 청년들의 모습을 향해 '시위하는 이들은 빨갱이다' 등 부정적인 인식을 가지고 있었지만 정부의 불의가 분명히 존재했고 청년들은 결국 현재 민주정치까지 이끌어 냈다. 최근에 촛불집회를 통하여 불의를 정의로 실현시킨 주축도 청년세대이다. 또한 종교개혁을 이끌었던 마틴 루터 또한 청년이었다.

　그럼에도 불구하고 교회는 계속해서 개혁의 변화는 기성세대와 목회자에 의해 움직인다고 할 수 있을까? 사회는 급변하고 있고 변화에 민감하고 영향을 가장 많이 받는 세대는 청년세대이다. 과연 이러한 풍토 속에서 청년들은 교회의 부조리를 그저 지켜볼 수 있을까? 차라리 관심이 없음에 감사해야 하지 않을까?

5) 소통
(1) 기성세대와 청년

현재 기성세대가 청년 시절이었을 때와 지금 청년의 때는 차이가 크다. 환경과 사회가 급변하면서 교회 또한 크고 많은 변화가 일어났다. 21세기의 청년세대는 변화에 민감하고 트렌드를 좇아가며 계속적으로 발전하는 문화를 따라간다. 그러나 기성세대는 변화에 민감한 청년세대를 받아들이지 못한다. 기성세대는 자신의 청년 시절 때만을 고수하며 과거를 현재의 청년세대에게 강요하고 과거의 기준으로 삼은 예의를 강조한다.

기성세대가 현재 청년세대의 상황과 문화, 현실에 대한 변화를 인지하고 받아들이지 못한다면 기성세대와 청년세대의 소통은 시작하기도 전에 이미 단절되었다고 볼 수 있다. 기성세대와 단절된 소통으로 인해 청년세대는 기성세대를 향해 '꼰대'라는 은어로 칭하고 있는 것을 볼 수 있다. 위키백과사전에서는 '꼰대'를 기성세대나 선생을 뜻하는 은어로 설명하고 있다[9]. 그러나 언론에서는 자신의 경험을 일반화해서 남에게 일방적으로 강요하는 것을 '꼰대질'이라고 표현하였다. 기성세대에게 일반적인 생각과 예의는 시대와 사회가 변한 지금의 청년세대에게는 일반적이지 않을 수도 있고 예의가 아닐 수도 있다. 이를 '세대 차이'라고 표현한다.

기성세대가 교회를 섬기고 있는 모습과 지금 현재의 청년세대가 섬기고 있는 모습은 같을 수가 없다. 시대가 급변하면서 기성세대의 가치관과 청년세대의 가치관은 현저히 다르고 공통 기반 또한 다르

---

9) 탐사보도 뉴스타파 PD 김진혁, 2015, 5분 시사, "선배와 꼰대"

기 때문에 기성세대와 청년세대는 신앙의 모드(mode)는 동일하더라도 코드(code)는 다른 것이다.

한국교회의 기성세대는 유교 문화에 뿌리를 두고 있으며 연령 차별과 지위 차별뿐만 아니라 교회 내에서 신앙생활과 사역을 더 많이 경험함으로써 권위의식을 가진다. 기성세대의 경험과 권위로 청년세대들의 문화와 가치관을 인정하지 않고 기성세대의 경험을 강조한다. 그러나 청년세대가 바라본 기성세대의 모습은 기성세대들의 자녀들에게는 한없는 인정과 관대함으로 일관하지만 타인의 자녀 청년세대에게는 엄격한 잣대를 갖다댄다. 내 자녀에게는 스펙과 취업, 직장 등의 이유가 당연한 것이고 그 외 청년세대에게는 신앙생활의 불성실, 말씀과 기도의 부족 등에 대해 매우 엄격한 이중적인 기성세대의 모습을 볼 수 있다.

또한 현 시대 청년세대들은 불의를 보았을 때 불의임을 언급하고 함께 맞추면서 고쳐나가고자 하는 것을 예의로 생각한다. 그러나 기성세대들은 불의를 보았을 때 권위와 지위에 거스르는 행동과 말인지를 먼저 생각한다. 현 시대는 불의를 보고 함께 모이고 외친 결과 정의를 찾은 경험을 최근의 사태로 알 수 있다. 불의를 보았을 때 성의를 찾고 함께 나아가는 모습이 우리 청년세대의 모습이지만 기성세대들은 이를 향해 예의에 비추어 바라본다.

이렇듯 교회 내에서도 청년세대들의 불의를 보고 맞춰나가고자 할 때 기존의 교회 방식과 전통을 강조하며 청년세대들의 가치관을 인정하지 않고 그동안 해왔던 방식과 전통에 청년들이 무조건 따르기를 가르친다. 즉, 청년세대는 옳고 그름의 잣대로 기성세대에게 접근하지만, 기성세대는 순종과 불순종의 잣대로 청년세대에게 접근한다. 현 시대 청년세대들은 기성세대들의 전통과 정해 놓은 방식을 무조건적으로 당연하게 받아들일 수 없고 폭력적이고 강압적이라는 인식을 가지게 된다. 이로 인해 교회 내에서 세대 차이로 인한 세대 갈등이 발생한다. 그리고 그 갈등으로 인해 약자인 청년세대들이 상처를 받는다. 그리하여 청년들은 교회 생활에 대한 회의감을 느끼며 교회를 떠나게 되는 실태를 종종 볼 수 있다.

(2) 목사/기득권자와 청년

'목사'에 대한 일반적인 인식은 '하나님께서 기름 부으시고 세우신 자'다. '목사'의 사전적 정의로는 교회에서 예배를 인도하고 교회나 교구의 관리 및 신자의 영적 생활을 지도하는 성직자라고 설명되어 있다. 영어로는 "Pastor" 또는 "Reverend(Rev)"라고 불린다. 여기서 "Reverend"는 기독교 공동체의 성직자를 '존귀한 분'이라고 부르는 경칭이다. 성경에서 사도, 장로, 교사의 구분이 상당히 모호했지만 연륜이 많고 덕이 많은, 교회 공동체를 덕 있게 이끌 수 있는 이가 장로가 될 수 있다.

본 교단이 소속된 장로교에서는 치리하는 장로와 가르치는 장로로 나뉘고 가르치는 장로가 현재의 목사를 칭한다. 목사는 신학교에서 전문적 교육을 받고 안수 받아 설교권을 가진 장로이다. 그러나 한국교회 운영(당회) 시스템에서는 당회장이 담임목사가 되어 권위가 집중되면서 장로교의 본질이 사라졌다고 볼 수 있다. 결정을 할 때 당회장이 주도하면 원활한 회의를 진행할 수 있지만 그로 인해 담임목사의 견제 대상이 없어진다. 동역자로서 함께 협의를 하고 협치를 하는 것이 아니라 담임목사의 목회 방침에 따라 서포터의 역할로 순종을 하게 된 것이다.

이러한 운영방식은 교회 내 청년부에게도 적용된다. 청년부를 운영할 때 회장은 청년부의 활성화와 청년부를 총괄하는 의무를 가지고 있다. 그러나 청년부가 주체적으로 움직이려고 할 때 당회와 담임목사와의 협의가 아닌 허락에 따라 운영된다. 청년부의 주체성을 인정하지 않고 목사의 언권은 무조건 하나님의 말씀으로 받아들이며 모든 언권에 순종을 요구한다. 목사에게 순종하지 않았을 경우, 하나님의 말씀에 순종하지 않은 것처럼 표현한다. 청년세대에게 권위를 통해 무조건적인 순종을 강요하며 신앙을 종교적 진압 도구로 사용하고 강조한다.

그러나 목사/기득권자의 모습은 어떠한가? 하나님의 사람이고 하나님의 말씀을 전하는 자임을 강조하면서 기독교 이슈에서 논란의 주인공은 늘 목사 혹은 기득권자다. 각종 비리, 횡령, 성추행(폭행) 등의 논란의 주인공은 목사와 기득권자였고 그때마다 얘기한 핑계는 목사도 인간이기에 실수할 수 있다고 합리화하는 모습이었다. 권위를 외치는 곳에서는 순종을 요구하고, 실수할 때는 이해함을 요구하는 목사의 이중적 모습에 청년들은 목회자에 대한 불신이 쌓인다.

목회자가 실수할 수 있다면 교회 운영 시스템에서 한 사람에게 권위가 집중되는 것이 옳은지에 대한 의문이 든다. 도덕성과 사회적 윤리를 잘 지킬 수 있다고 확신한다면 원활한 합치와 협의를 위해 권위를 지금처럼 유지하는 것이 유익하다고 생각한다. 그렇지만 목회자나 기득권자가 실수할 수 있다면 권위를 배분하여 주체적으로 올바른 역할을 할 수 있도록 해야 하지 않을까에 대한 고민을 해 본다.

더 나아가서 청년부가 원하는 사역에 대해서 허락을 구해서 실행했을 때, 사업의 성패는 목회자가 나름의 기준을 정한다. 그에 따라 사역이 목회자의 기준에 부합하지 않을 때 목회자는 모든 사역의 책임을 청년세대에게 전가한다. 청년들에게 말은 좋게 하면서 대외적으로 청년을 희생양 삼아 책임을 전가하였다. 대외적으로 사역의 실패는 본인이 전혀 관여할 수 없었던 일처럼 만들어버린다.

이러한 사역들이 반복적으로 일어나면서 청년사역자들은 회의감을 느끼면서 교회를 떠나간다. 그들은 떠나가면서 왜 책임을 지지도 않을 교역자 및 직분자들에게 허락을 받아야 하는지, 또한 무슨 절차를 이렇게 복잡하게 만들어 사역을 방해하는 것인지 말은 달콤하나 진심은 결여되어 있는 직분자들의 모습에 실족하면서 떠나간다. 실제로 있었던 두 사례(인터뷰)를 보여주고자 한다.

5)-(2) 사례1. 전국장청

68회기 전국장청에서는 지역장청 조직 현황을 파악하니, 회원 9개 노회 중 3개 노회가 3년 이내 동안 총회를 개최하지 못하여 지역장청 조직이 되어 있지 않았고, 1개 노회는 조직은 되어 있지만 전국장청에 2년이 넘도록 참여하지 않았다.

69차 정기총회 시 회칙을 개정한 후 조직개편을 하니 회원 노회(인준노회)가 5개 노회가 되었다. 장청이 청년연합회를 조직하려고 노력해도 조직 과정에서 장청은 노회의 허락 없이는 움직이지 못한다. 그리고 노회가 청년부를 만들 예정이라고 말하면 10년이고 20년이고 기다려야만 하는 실정이다.

그럼에도 불구하고 총회 내에서 감사를 받을 당시, 지적사항으로 지역 노회 청년연합회 조직이 되지 않는 책임을 장청에게 물으셨고, 장청은 노회의 허락 없이는 독단적으로 움직일 수 없음을 말하자, 핑계로 받아들이셨다.

또한 장청에게 한국교회의 청년교세 감소에 대한 책임을 물으셨는데 1년 동안 총회에서 3000만원 지원하시면서 청년교세의 감소의 책임을 장청에게 돌리는 모습을 보고 매우 충격을 받았다. 교계 지도자들과 총회 감사위원회에서는 이를 늘 전국장청의 탓으로 말씀하셨고 그에 따른 도의적인 책임을 지는 형태로 회장이 사임하기를 암묵적으로 종용하셨다. 흡사 정치에서 무책임하게 모든 일을 책임지고 떠나게 하는 형태의 모습이 느껴져서 매우 충격적이었다.

5)-(2) 사례2. 전국장청

교계 및 노회 지도자들은 전국장청에게 불법적이고 기독교인으로서의 윤리에 어긋나며 옳지 않은 일에 대해서 장청이 청년들이 함께 옳음을 외칠 때, 교계의 입장에 순종할 것을 강요하셨다.

전국장청은 교계 및 노회 지도자들의 이중적 모습과 책임지지 않는 모습을 언급하면서 옳지 않은 일임을 꾸준히 언급하며 순종하지 않았다. 장청이 순종하지 않은 이유에 대한 책임으로 장청이 청원한 예산을 교계는 집행해주지 않았다. 3천만 원의 지원금을 볼모로 순종을 강요하셨다. 그래도 장청은 불복하였고, 그에 따른 결과로 총무가 월급을 받지 않고 고향으로 내려와서 자택근무로 대체하여 많은 사역을 감내하였다.

총회 직원들의 인건비는 매우 중요하게 생각하시고 150만 원도 되지 않는 장청 상임총무의 월급을 볼모로 세워서 순종을 강요하시는 총회의 본얼굴에 매우 실망했다. 그리고 교계 및 노회 지도자의 이중적 모습을 언급한 청년에 대해 어른에 대한 피해망상을 가지고 있는 사람으로 취급하고 무시하였다.

5)-(2) 사례3. 부산동노회 청년연합회

2015년에 부산동노회 청년연합회에서는 부산 3개 노회 연합수련회를 주최, 주관하였다. 부산동노회 청년연합회는 부산 3개 노회 교육자원부(이하 교육부) 임원들에게 기획안을 보고하였다. 교육부에서는 진행 허락이 떨어질 때까지 기다릴 것을 요구하였다. 대기하는 시간은 3개월 동안 지속되었다.

대기하는 시간이 지속되면서 수련회 홍보 및 준비 기간이 줄어들어 각 노회 교육부장에게 마지막으로 수련회 진행에 대한 답변을 요청하였다. 이때 교육부장들은 연합수련회 준비를 아직 하지 않았냐는 질문과 함께 교육부장들은 각 노회에서 100명을 확보해 준다는 조건을 내세웠다. 이에 부산동노회 청년연합회는 연합수련회를 준비하며 실행하였다.

장소를 선정할 때 부산동노회 교육부장에게 장소 협조를 구하니 협조할 수 없음을 단호하게 말하였고 부산 3개 노회 어느 곳에서도 장소를 협조해주지 않았다. 예장 고신교단의 교회에서 청년세대의 중요성을 강조하였고 조건 없이 장소를 협조해주었다. 그렇게 처음으로 개최되는 부산 3개 노회 연합수련회 장소를 주제는 통합 교단 청년들이 했지만 장소는 본 교단에서 실행하지 못하였다.

그리고 연합수련회 준비 중 참석 인원이 저조함을 보고하여 예산확보에 어려움이 있어서 각 노회 교육부에서 초기에 약속했던 100명의 참석 인원 조건을 요청하니 각 노회 교육부에서는 홍보의 문제를 짚으셨다. 그래서 시에서 운영하는 버스 광고(월 180만 원)까지 집행하였다.

그럼에도 불구하고 참석 인원이 저조하자, 부산 3개 노회 교육부장의 교회를 방문하였다. 부산노회는 교육부장은 교회 내부 사정으로 인해 청년부 수련회가 자신과는 무관하다는 입장으로 일관하였고 부산남노회 교육부장은 본인 교회의 청년이 없음과 주최 측에서 주체적으로 진행할 것으로 당부하였다. 그리고 주최 측 부산동노회 교육부장은 청년연합회에서 일정을 미리 공유하지 않아 수련회의 진행을 모르고 있었다는 어처구니가 없는 핑계를 대셨다. 부산동노회 청년연합회는 교육부장에게 교회 청년부 수련회 일정이 잡히기 전에 수련회 관련 내용이 전달 완료됐음을 확인해 보라고 답변하였다. 그러자 부산동노회 교육부장은 계속적으로 전달을 받지 못했음과 홍보의 부족에 대한 문제를 삼으셨다. 동시에 연합수련회 강사로 참석하시는 총회장님과의 식사 일정을 잡을 것을 당부하였고 이외 강사들과 교육부장의 식사 일정을 맞추고자 임의대로 큐시트(수련회 계획표)를 바꾸었다.

수련회가 다가오며 수련회에 참석 인원이 저조하여 집행할 재정이 부족해지자, 부산동노회 청년연합회는 임원들이 직접 교회들을 방문하며 참석을 독려하였으나, 지교회 수련회 일정이 정해진 관계로 참석이 어려워졌다.

그리고 수련회 개최 3일 전, 부산동노회 교육부장은 부산동노회 청년연합회에게 재정이 없으면 수련회를 취소하라는 지시에 대한 문자를 발송하였다. 부산동청년연합회는 애초에 최소 300명의 참석 인원을 예상하여 사업을 진행했지만 연합수련회를 위해 2-3개월 동안 기도로 준비하는 100여 명의 신청된 청년들을 위해 수련회를 진행하는 것이 옳음을 판단하고 교육부장에게 정중하게 말씀드렸다. 노회의 교육부라고 한다면 청년부를 담당하는 부서라고 자신 있게 얘기하시더니 정작 일이 벌어지자 아무도 도와주지도 않고, 약속을 지키지도 않는 상황에서 부산동노회 청년연합회는 실족하지 않고 자신들과 함께 수련회를 하겠다고 약속한 교회들과 함께 무사히 수련회를 마쳤다.

부족한 재정을 감당하고자 당시 청년연합회장이 대출을 받아 연합수련회를 개최하게 되었다. 연합수련회에 120여 명의 청년들이 함께 참석하였고 당시 본 교단 총회장님께서 이러한 과정을 들으시고 설교를 하시기 전 고개 숙여 목회자들의 이중적 모습에 대해 사과를 해주셨다.

부산 3개 노회 연합수련회는 청년들이 주최한 처음이자 마지막 사업이다. 그러나 연합수련회 후 부산동노회 교육부장은 취소하라고 한 수련회를 진행한 점에 대해 부산동노회 청년연합회에게 사과를 요구하였고 사과를 하지 않으면 청년연합회의 조직을 해체시키겠다고 협박하셨다. 노회에서 해결이 되지 않아 총회에 도움을 요청하였으나 청년연합회를 도와주셨던 분들을 배후세력이라 표현하며 모든 책임이 청년에게 있음을 말하였다. 더욱 충격적인 것은 당해 연도에 노회예산으로 노회 산하 시찰 교회가 모두 성지

순례를 다녀왔으며 그 금액은 딱 청년회장이 대출받았던 금액이었다. 이것이 어른들이 청년사역에 임하는 본래 얼굴이었다.

  당시 부산동노회 교육부장은 2015년에 실시된 부산 3개 노회 연합수련회는 참석인원 수가 적었기에 실패한 것이라고 현재도 말한다. 아이러니하게도 위 내용에 언급된 모든 교역자분들이 말로는 다음세대가 중요하고 청년들이 살아야 교회가 산다는 설교를 하신다.

사회에서는 회사의 사장이 책임지고 벌어진 일에 대한 마무리를 짓지만, 교회에서는 목회자가 자리에서 나가고 회피한다. 그러면서 벌어진 일에 대한 책임은 청년들이 지게 되는 상황들이 비일비재로 일어나고 있다. 이렇게 자신이 희생양이 될 것이라는 것을 알고 있는 청년세대와 목회자/기득권자와의 소통이 가능할지 의문이 든다.

(3) 청년과 청년

청년세대들은 오랜 신앙생활을 통해 올바른 신앙인으로 거듭나기 위해서는 매일 큐티를 해야 하고, 말씀을 읽고 묵상해야 한다고 얘기한다. 또한 교회에서는 맡은 사역의 헌신과 여러 예배와 기도회의 참석 등을 올바른 신앙인에 대한 기준이라고 가르친다.

이에 대해 청년들은 이러한 신앙생활의 기준으로 자신들을 돌아보는 것이 아니라 타인의 신앙을 정죄하고 판단하는 잣대로 이용한다. 어떻게 말하고, 어떻게 행동하는 것이 올바른 신앙인인지, 비기독교인들에게 본인의 모습이 어떻게 보이는지에 대한 고민은 매우 부족하다.

현재 한국교회 청년들은 맞춰진 틀 속에서 교회에서 좋은 신앙인으로 보이기 위해 신앙인으로서 드러나는 기준만을 먼저 내세우며 본인의 감정을 속이는 것에 매우 익숙하다. 늘 말씀과 기도에 갈급하다고 말하면서 실제로는 교회 내의 예배 혹은 기도회에는 지침과 힘듦을 생각한다. 즉 자신을 속이게 되는 것이다. 자신의 진실된 마음은 아니지만 표현은 매우 좋은 기독교인처럼 말하는 것이다. 참석하지 않으면서 늘 예배와 기도가 갈급하다는 청년들의 모습이 대다수의 리더의 모습이었다. 실제로는 교회가 재미없고 실망스러웠다고 생각하면서 표현을 하지 않는 것이다. 그것을 입 밖으로 내는 것만으로도 자신이 지금까지 쌓아왔던 이미지를 망칠 수 있기 때문이다.

예수님은 세리와 창녀 그리고 많은 장애가 있는 사람들의 곁에 계시면서 늘 그들을 위로해주셨다. 하지만 예수님의 모습을 따르기 위해 세워진 지금의 교회는 "내가 창녀다", "내가 사기꾼이다", "내가 나쁜 사람이다"라고 말하면 다시는 올 수 없는 곳이 되어 버리고 말았다. 교회의 본모습이 매우 변질되었다.

또한 지금의 청년들은 예수님의 마음처럼 상처를 품을 수 있는 역량이 없다. 그렇게 은혜와 영성을 외치면서 왜 예수님과 다른 모습으로만 변해가는지 참으로 아이러니하다. 하지만 더욱 안타까운 현실은 교회가 세워놓은 틀에 잘 숨겨서 적응해버린 자는 리더가 되고, 리더들은 자신이 배웠던 틀과 일치하지 않는 평신도 기독청년들의 신앙이 부족하다고 판단한다. 리더들은 청년부가 줄어들고 있는 상황을 예배와 찬양의 부족이라고 오판하고 계속해서 예배와 기도회 참석을 강조한다.

그리고 좋은 예배와 교육을 실행해도 청년들은 참여하지 않고 리더들은 실족하고 결국 본인도 회의감을 느낀다. 본인이 올바른 판단을 하지 못한 것에 원인이 있지만 타인을 탓하고 사역을 내려놓는 것이다. 청년부의 활성화를 위해서 청년 리더들을 포함한 회원을 대상으로 원하는 것에 대해 설문조사를 실시하면 자신이 원하는 것과 문제점에 대해 지적해놓고 정작 본인은 참여하지 않는 경우가 대부분이다. 의사 결정에 참여해서 올바른 원인 분석도 내놓지 못하면서, 임원회를 향한 지적 사항과 불만만 늘어놓을 뿐, 마땅한 해결책이나 대안책도 제시하지 않는다. 그리고 자신이 제안한 대안에 대해서도 실천력을 보이지 않는다.

이와 같이 청년들이 자신의 마음속에 있는 진실된 마음을 내보이지 못하거나 자신을 속이는 대답을 계속해 나간다면 청년은 미래가 없다. 하지만 매우 아이러니한 것이 누군가가 총대를 메면 다 동의는 한다는 것이다. 그래서 장청이 총대를 메고자 한다. 청년들의 마음속 이야기들을 우리가 대신 해줄 것이다.

청년세대는 성경이 아닌 교회와 교역자가 만든 기준이 나의 신앙관이 되어 신앙생활을 포장하고 있다. 그 기준이 잣대가 되어 타인의 신앙에 대한 정죄를 하고 있다. 이로 인해 청년 공동체는 자신의 속내를 드러낼 수가 없게 되고 교회에서는 정해진 답이 있고 정해진 답만 해야 하는 분위기가 조성되었다. 자신의 솔직한 감정을 모르거나 속이면서 자신을 포장하는 기독청년의 모습은 세상과 구별된 삶이 아닌, 세상에서의 나의 모습과 교회에서의 나의 모습 또한 일치하지 않게 되었다. 세상에서 그리스도인으로 구별된 삶을 살기를 강조하면서 정작 우리의 모습은 세상에서의 모습과 교회에서의 모습이 구별되고 있는 것이다.

제일 큰 문제는 청년세대들 자신이 모순적인 행동과 언급을 하고 있는 것을 인지하지 못하면서 계속해서 변명과 핑계를 찾는 것이다. 실제로 예배와 기도에 갈급해하며 원하는 청년들은 소속 교회에서 주최하는 사경회와 기도회에 참석하지 않았다. 예배를 원하면서 왜 참석하지 않았는지 물어보니, 교회에서 진행하는 기도회의 음악은 청년세대와 맞지 않다고 답변하였다. 예시처럼, 기독청년은 자신이 발언한 내용을 실천하지도, 책임지지도 않았다.

이러한 모습으로 청년과 청년 사이에서 원활하고 솔직한 소통을 할 수 있을까에 대한 의문이 든다. 자신의 마음을 숨기고 인지하지 못하면서 계속해서 지키지 못할 말들만 한다면 서로가 서로를 신뢰하며 함께 동역할 수 있을지 고민해 보아야 한다. 청년이 솔직해지고 자신이 말한 것에 대해 책임을 지는 날이 오면 청년들이 변하지 않을까?

6) 무관심

한국교회의 청년세대가 무너지고 있는 실태에 대한 문제 인식은 누구나 하고 있다. 말로는 청년세대가 한국교회의 부흥의 주체이며, 한국교회를 이어나갈 중요한 세대라고 한다. 그러나 청년세대가 무너져 가고 있는 실태를 인지만 하고 있을 뿐이다. 과연 청년세대에 대한 관심은 가지고 있는 것일까. 관심이란, 마음이 끌려 주의를 기울이는 것이라고 정의한다. 교회와 교단, 목회자, 기득권자들이 과연 청년세대에게 마음을 가지고 주의를 기울이고 문제에 대한 원인과 대안에 대하여 고민과 실행이 있는가에 대한 고민을 하며 다음과 같은 예를 살펴보도록 하자.

본 교단에서는 늘 그랬듯이 교단 총회 주요 안건은 총회 연금재단, 총대 수 목사와 장로 동수 개정, 100주년 기념관 헌금 모금안 모색, 목사 은퇴 연령 등이었고 매우 시급한 현황인 청년과 교회학교에 대한 정책과 방향은 아무것도 없었다. 이렇듯 말로는 관심을 가지지만 실제로는 아무런 행동도 하지 않는 장년부에게 청년의 주요 현황을 맡기는 것이 과연 옳은 것인지에 대한 의문이 든다. 장청은 기성세대들이 솔직해질 필요가 있다고 생각한다.

사실 현재 장년부는 장년부의 현 상태를 유지하기에도 매우 힘든 실정이다. 그런데 과연 청년부나 다음세대에 대한 직접적인 개입이 가능한 것인가? 할 수 없다면 그들의 현황을 해결할 수 있는 재정과 권리를 그들에게 돌려주어야 한다고 생각한다. 여기서 다음세대와 가장 밀접한 관계가 있으며 청년을 교육의 대상으로 바라보고 늘 청년부를 교육자원부 산하기관으로 생각하고 있는 교육자원부는 어떠한가?

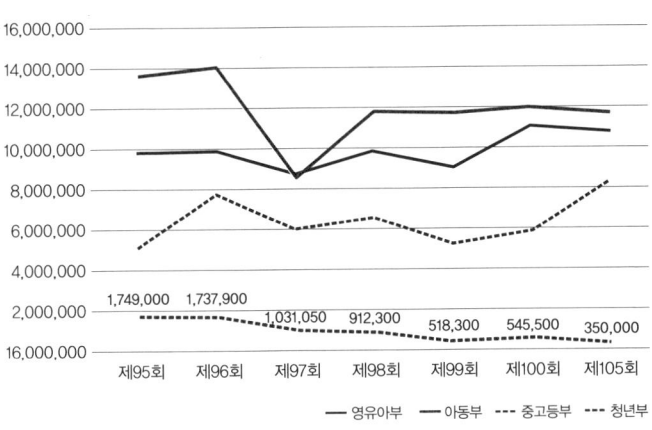

[그래프 12. 본 교단 총회 교육자원부 교재 개발 결산 현황(단위:원)]

[그래프 12]는 본 교단 총회 홈페이지에 업로드되는 총회 보고서 중 교육자원부가 보고하는 부서별 교재 개발 결산 현황이다. 그래프를 살펴보면 두 가지 내용을 알 수 있다. 부서별로 교재를 개발하고 편집할 때 부서별 결산의 차액이 크다. 그중 청년부는 다른 부서와 약 천만 원 차이가 난다. 또한 청년부 교재 개발 결산은 매년 줄어들고 있다. 그렇다고 청년세대 관련된 교재가 개발된 적은 있었던가? 최근 10년간의 본 교단 교육자원부에서 청년 관련 정책과 활동, 교재와

지원도 없는 상황이었다. 총회와 교육자원부의 청년세대에 대한 정책과 안건은 아무것도 없었고, 보조금도 변동 사항이 크게 없다.

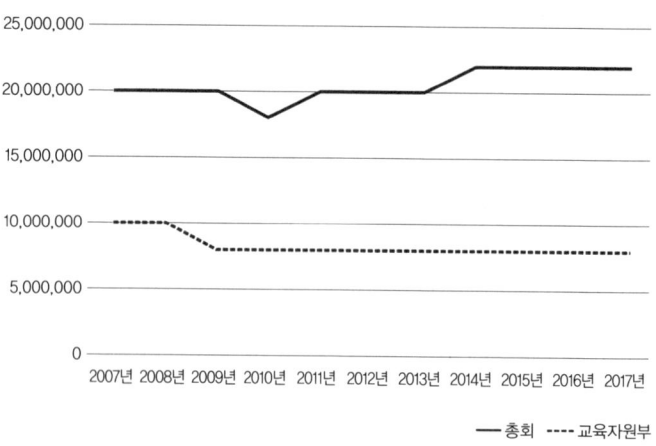

[그래프 13. 총회 및 교육자원부의 청년회전국연합회 지원금(단위:원)]

최근 10년 동안 총회와 총회 교육자원부에서 장청(청년회전국연합회)에게 전달한 보조금 변동은 큰 차이가 없었다. 그렇다고 총회가 청년세대의 중요성을 인지하지 않았던 것일까? 그것은 아니다. 왜냐하면 총회 차원에서 청년들을 다시 살리고자 하여 청년세대 관련 위원회 및 분과들을 조직하였다.

총회는 2014년에 총회 산하 특별위원회로 청년위원회를 신설하였다. 총회에서는 장청 외 청년세대를 위하여 2개의 조직을 더 개설하였다. 청년위원회는 2014년에는 컨퍼런스(세미나)를 서울과 광주(전남)에서 2회 개최하였고 2016년에는 한남대학교와 함께 페스티벌을 개최하였다. 2017년에는 완도 지역 청년 연합수련회, 청년지도자를 위한 세미나를 서울과 대전에서 개최하였다.

청년위원회와 동일하게 2014년에 개설된 교회성장운동본부는 순회 라이벌대회를 통하여 교회가 성장(부흥)한 사례와 강의를 발표하였는데 사례 16개 중에서 청년과 관련된 사례는 단 1개에 불과하였다. 이외에 청년세대를 위한 큰 움직임은 없었다.

총회에서 청년세대를 위해 조직한 청년위원회와 청년분과에는 청년이 아무도 없었다. 목회자 및 장로들이 위원이 되었다. 청년세대를 제일 잘 알고 청년세대의 필드에서 활동하는 장청과 별개로 진행하였다. 이전에 본 교단의 청년세대를 위해 함께 연계할 것을 제안하였으나 돌아오는 답변은 없었다. 이처럼 청년세대를 위한 조직이었으나 1년마다 개최된 세미나는 해마다 바뀌는 위원장의 소속 교회와 지역에서만 이루어졌다. 그리고 세미나 개최 건을 봤을 때 1년 결산이 1천만 원이 넘었고 사업은 일회성에 그친 사업들이었다.

제102회 교단 총회 시 청년위원회가 폐지되면서 평신도위원회 산하에 다시 청년분과가 조직되어 교단 차원에서 청년활동을 이어나갈 예정이라고 한다. 이러한 내용을 봤을 때 총회는 장청과 별개로 청년들을 위한 실효성 없는 조직을 계속적으로 만들고 청년의 목소리는 듣지 않은 채, 청년들이 원하는 것이 무엇인지 파악하지도 않은 채, 본 교단의 청년 교세가 얼마나 급감하고 있는지도 인지하지 않은 채 청년세대의 중요성을 외치고 있었다. 청년세대의 중요성을 외치지만 정작 현재의 청년세대가 외치는 소리에는 누구보다 무관심하였고 외면하였다.

그렇다면 본 교단 총회 산하의 노회들의 청년에 대한 관심도는 어떠할까? 아래의 그래프를 살펴보자. [그래프 14]는 2009년도부터 지역노회 청년연합회(이하 지역장청) 활동 개수이다. 본 교단 산하 노회 67개지만, '청년연합회'가 조직이 되어 활동하고 있는 노회는 10개 미만으로 점점 사라지고 있었다.

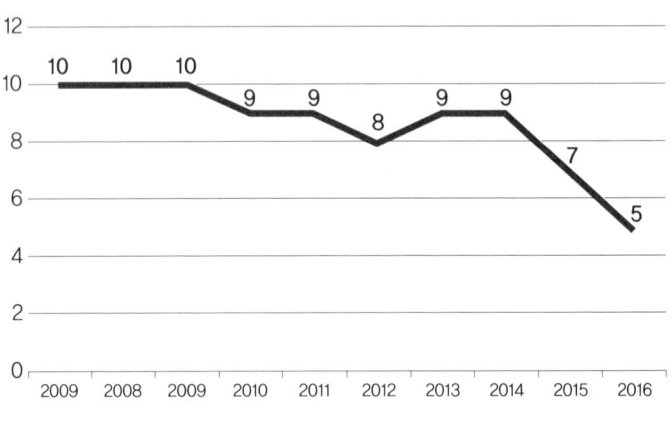

[그래프 14. 2009년부터 2016년 지역장청 조직 보고 현황]

청년을 위한 기관이 10년 넘게 사라지고 있음에도 불구하고 다시 조직하지 않음을 알 수 있다. 지역장청의 조직이 붕괴되면서 청년들이 목소리를 높일 때 노회와 교회는 어떠한 행동을 취했을까? 대부분의 목회자와 직분자는 청년세대를 어떻게 도와줘야 할지를 모르기에 도울 수 없었다고 말한다. 그래서 장청은 청년세대에 대한 교회와 목회자의 관심도를 알아보고자 '청년호소문'을 작성하여 '1개 교회 2만 원' 캠페인을 실행하였다.

청년호소문 캠페인의 참여는 생각보다 너무 저조하였다. 그 원인에 대해 많은 교회와 목회자는 호소문을 전달 받지 못했다는 행정 절차의 이유를 가장 많이 언급하였다. 이에 장청은 호소문을 전달하는 절차를 다양하게 바꿨으며 그에 따른 결과로 캠페인의 참여와 호소문의 전달에는 전혀 연관성이 없음을 확인하였고, 청년에 대한 무관심을 다시 한 번 확신하게 되었다.

1차로 발송한 청년호소문은 본 교단 산하에 있는 모든 교회에게 직접 발송하는 것이었다. 본 교단 산하 8,843개 교회에 직접 공문을 발송하였다. 2차 호소문은 본 교단 산하 67개 노회를 통하여 지교회로 발송하고 전달의 문제를 극복하고자 교회 및 노회들에게 전화를 직접 하여 확인 절차까지 거쳤다. 하지만 참여율은 변화가 없었다. 3차 호소문은 노회를 통해서 지교회로 전달하고 일부 교회에는 직접 전화 및 공문을 별도로 발송하였다.

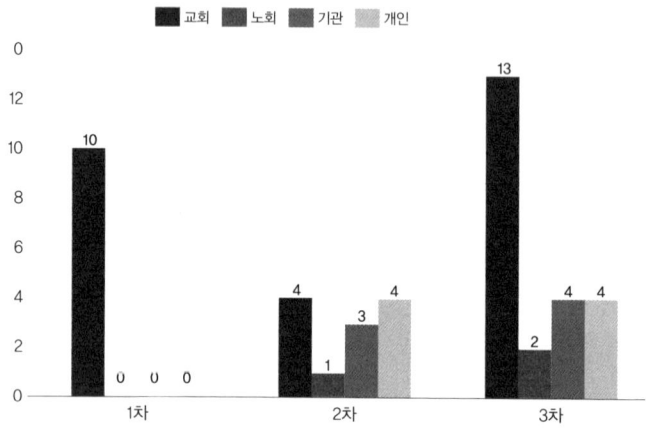

[그래프 15. 청년호소문(1개 교회 2만 원 캠페인) 참여 결과]

그럼에도 불구하고 [그래프 15]의 내용처럼 1차 청년호소문은 2016년 10월 30일부터 1개월 동안 8,843개 교회 중 10개 교회(0.11%)가 참여하였다. 2차 호소문은 1개월 동안 14개(교회, 노회, 기관, 개인)가 참여(0.15%)하였다. 3차는 2017년 10월 19일 8,900여 개 교회(작년 대비 본 교단 산하 교회 수가 증가함) 각 지교회로 청년 호소문을 발송하니 17개(교회, 노회, 기관, 청년)가 참여(0.19%)하였다.

여기서 재미있는 결과는 2차 호소문 진행 당시, 캠페인 참여가 저조하여 하루 동안 청년들에게 캠페인 참여를 요청했더니 10명이 참여하였다. 장청은 교회나 기관, 단체의 저조한 결과를 보며 실제로 교회가 청년세대에 대해 갖고 있는 입장을 간접적으로 경험할 수 있었다. 하지만 다음세대의 심각하고 암담한 현실에 대하여 재정과 권리를 가지고 있는 목회자와 직분자들보다 청년들이 경각심을 느끼고 심각하게 고민하고 있음을 확인할 수 있었다.

교단 총회, 교육자원부, 교단 산하 노회, 교회 등의 실태를 보았을 때, 청년세대가 무너지고 있는 가장 큰 원인의 핵심은 무관심이라고 판단한다. '누군가는 돕겠지'라는 말은 안일한 말이다. 교단과 교회는 문제를 인식하면서 관심을 가지지 않는 것이 현실인 것이다. 더욱 심각한 것은 무관심하다는 것을 인정하지 않는 것이다. 그래서 청년들이 자신들의 문제를 교역자나 직분자들이 해결해 줄 것이라고 믿고 있는지도 모른다.

청년세대에 대해서 가장 잘 이해하고 경험하는 것은 교육부도 교역자도 아닌 청년세대 스스로이다. 청년세대들은 교단도, 교육부도, 교회도 그 누구도 청년세대에 대하여 관심을 가지지 않는 것을 인지하고 있다. 그리고 청년세대가 주체가 되어 스스로 변화하고 개혁하지 않으면 공동체가 무너진다는 것도 인지하고 있다. 그럼에도 불구하고 한국교회는 청년세대들을 교육과 지도의 대상으로 바라보며 계속해서 교육의 문제를 논한다. 청년세대의 생활, 의식, 인식의 변화에도 무관심한 상황에서 청년세대가 무너져 가고 있는 현실이 과연 정책도, 개발도, 발전도 없는 교육의 문제라고 논할 수 있는지에 대하여 다시 심도 깊은 연구를 해야 한다.

교회에서 청년의 주체성을 인정하지 않고 지도와 교육의 대상으로 바라보고 청년공동체의 무너짐에 대해 그 누구도 관심을 가지지 않는 상황에서 청년세대가 부흥의 주체이며, 교회를 이끌어 나갈 세대라고 칭하는 것은 모순적인 태도라고 판단한다.

앞에서 말한 원인들로 인해 초래되는 현상은 매우 심각하다. 이러한 원인과 초래될 현상, 이미 초래가 된 상황을 우리는 그대로 방관하고만 있을 것인가? 아무런 준비도 하지 않고 아무런 행동도 하지 않으면서 이대로 이 상황을 지켜본다면 한국교회는 주일과 공동체가 점점 사라지고 이대로 적응한 유럽의 교회처럼 될 것이라고 생각된다.

제 **4** 부

**실태에 대한
대안 모색**

앞서 이야기했던 많은 문제점들은 모두가 조금씩 인정하거나 생각만 하고 있었다. 어느 누구 하나 정리하거나 심각하게 고민하지 못했기에 상황은 더욱 악화되어 왔다. 또한 이러한 문제점들에 대해 더 무관심하거나, 혹시 누군가가 해결할 것이라고 생각한다면 앞으로 많은 시간들이 부질없이 흘러갈 것이다. 그러는 사이 한국교회는 유럽교회들처럼 사라질지도 모른다.

한국교회에서 청년이 감소하는 속도는 매우 빠르다. 개교회도, 노회도, 총회도 교단 산하의 교육부서도, 심지어 장청도 모두 청년의 문제점과 청년세대의 감소에 대해 매우 소극적인 자세를 취했었다. 그렇게 청년부가 20년 동안 지속적으로 무너지고 있음에도 불구하고 누구 하나 청년문제를 심각하게 인식하는 의인이 존재하지 못했고, 어떠한 단체도 문제에 대한 원인을 분석하거나 책임을 지려 하지 않았다. 또한 총회나 교육부마저도 문제를 해결할 준비조차 하지 못했다. 주어진 많은 시간들을 허비해버렸기에 현재는 정확한 원인 파악과 명확한 해결책을 찾을 시간이 부족해졌다.

장청이 이 책을 발간하는 마음은 한국교회 청년의 급박한 상황 속에서 어떤 대안이라도 적극적이고 과감하게 시도함으로써 청년문제를 신속하게 해결하는 방안을 찾고 싶은 바람이다.

장청이 제안하는 대안은 정답이 아니다. 하지만 오랫동안 장청 활동을 하면서 여러 교회의 청년들의 부흥 사례와 청년리더들과의 소통을 통하여 좋은 성과를 냈던 결과물들을 제시한 것이라고 생각했으면 좋겠다. 또한 이러한 해결책들이 개교회의 청년문제 해결과 한국교회의 청년문제 해결에 단초가 되었으면 하는 바람을 가져본다.

01

어떻게
해결해야 할까?

1) RECOGNITION(인식)

모든 문제를 해결하는 단초는 인정하는 것이다. 많은 기독교인들이 청년세대의 실태를 잘 모르는 것 같다. 한국 장로교의 장자 교단이라 하는 본 교단의 청년 교세 2.1%는 매우 충격적인 결과임에는 틀림없다. 한국교회의 청년교세의 감퇴는 청년사역을 하고 있는 사역자들이라면 누구라도 피부로 느끼고 있지 않을까?

장청이 많은 청년들을 만나면서 얻은 결론은 청년들조차도 현 사태의 심각성을 모르고 있다는 사실이다. 청년리더들과 소통해 보면 자신의 교회 청년들이 교회를 떠나가고 예전보다 청년 전도가 쉽지 않음은 쉽게 인정하지만 자신의 청년부가 많이 감소한 이유가 청년 세대의 전체적인 문제점이라고는 생각하지 않는다. 그저 교회의 작은 다툼이나 불만으로 인해 청년들이 떠나간다고 쉽게 판단을 내린다.

이에 장청이 교단 내에 전체 교세를 설명하고 기하급수적으로 청년이 줄어드는 현실에 대해 설명을 하고 나서야 그저 전도가 어렵고 청년들이 교회에 불만을 가지고 떠나가는 문제에 국한되는 현상이 아니라고 생각하게 된다. 그렇게 말해야만 자신이 더욱 직접적으로 문제를 해결하려고 하는 자세를 취한다. 그렇다고 장청은 무조건 거시적인 관점에서 청년문제를 다뤄야 한다고 제안하지 않는다. 모든 문제의 해결은 동시다발적으로 이루어져야 한다고 생각한다. 장청은 교단도 총회적으로 해결책을 모색하고, 노회 청년연합회도 노회적 차원에서 노력하고, 교회의 청년 리더들도 자신의 교회에서 청년 문제를 해결해 볼 것을 제안하고자 한다.

청년들이 자신의 교회의 문제를 직접 해결해 보고자 한다면 우리는 지교회 청년들에게 정확하고 날선 눈으로 교회의 현실을 직시하고 자신의 교회의 문제점들을 냉철하게 생각해 보라고 얘기한다. 장청은 가끔은 청년 리더들에게 아주 냉정하게 얘기한다.

예를 들어 한 청년이 자신의 교회가 작아서 교육시스템이 열악하여 가끔씩 오는 청년들이 정착을 하지 못한다고 이야기했다. 그래서 교육시스템을 바로잡으면 청년부가 부흥할 수 있을 것이라는 대안을 우리에게 제시했다. 여기서 문제는 교육시스템이 아니다. 자신의 교회가 작기 때문에 교육시스템을 운영할 수 없음에 초점을 맞춰야 하는 것이다. 중소 교회는 소수의 부교역자가 많은 사역을 감당하기 때문에 소수의 청년들을 위해 질 높은 교육을 교역자가 제공하는 것이 현실적으로 불가능하다. 그렇다면 그 청년은 교육시스템 말고 다른 부분으로 자신의 교회를 찾아온 새신자들의 정착율을 높여야 한다.

또한 이 문제의 대안은 자신이 가지고 있거나 자신을 필두로 한 대안을 실행해야 한다. 즉, 본인이 교회의 교육시스템이 문제라고 생각한다면 그것을 해결할 대안도 본인이 생각해야 한다. 다른 누군가(교역자, 직분자)가 해결해 주기를 바라는 태도는 더욱 심각한 문제를 초래할 뿐이다. 시간을 내서 교회 교역자과 논의하여 자신이 주도하는 교육시스템을 만들거나 자신이 할 수 있는 관계사역을 중점으로 하는 새가족(새신자) 시스템을 고안해내면 되는 것이다. 청년들은 더 이상 누군가가 청년부 문제를 해결해 줄 것이라는 안일한 생각을 먼저 버려야 한다.

또한 교회를 부흥시키고자 하는 열망이 있는 청년들은 1인 5역을 감내하는 마음을 가지고 있어야 한다. 지금의 청년들은 충분히 그것들을 감당할 수 있다. 사회에서 자신의 위치가 노력으로 어느 정도 해결되듯이 교회 내에서도 지혜를 가지고 사역하면 많은 부분들이 해소되는 것이 사실이다. 하지만 그 역량을 교회에서 발휘하고 싶어 하지 않는 것이 문제다. 즉 자신이 교회의 문제를 해결하고자 하는 마음을 가지지 않는 것이다. 교회의 문제는 해결되길 원하지만 자신은 개입하고 싶지 않으므로 문제의 해결을 교역자에게 미룬다. 참으로 아이러니하다. 하나님과 예수님을 아버지라고 외치면서 교회의 일은 자기 집안의 일은 아닌 것이다.

소수의 청년들이 교회의 문제를 해결해 보려는 마음을 갖지만 앞에서 말했듯이 청년들이 예전에 비해 사역을 배울 기회가 많이 줄어들었다. 하지만 개인의 능력은 과거보다 훨씬 좋아졌다. 청년들이 그 능력을 자신의 입신양명에만 사용하는 것이 문제다.

그러면 어떻게 하면 청년들을 의존적인 성향에서 본인이 직접 이 문제를 해결하는 주체로 바꿀 수 있을까? 그 문제의 해결은 의외로 간단하다. 바로 기성세대들이, 지도자들이 청년들을 책임져 줄 것처럼 이야기하지 않으면 된다. 기성세대들과 지도자들은 청년세대에게 청년들이 주체적으로 자생할 것을 요청하고 본인들이 할 수 없음을 인정하고 청년들이 조금이라도 움직이면 기성세대와 지도자들이 청년세대들을 적극적으로 돕겠다는 진솔한 입장을 말하면 되는 것이다.

"청년 담당 목회자니까", "담임목사니까", "청년 지도 장로니까"라는 말보다는 담임목사는 지금 장년부를 유지하는 것도 벅차다는 것을 스스로 인정하고 청년 담당 교역자들에게 사역을 맡기면 된다. 청년교역자는 자신이 이 교회에 수년 이상 머물 수 없음을 인정하고 진솔하게 청년들이 스스로 자생하도록 사역 방향을 맞추면 된다. 청년부 담당 장로는 많은 장로의 역할 중 하나가 청년부 장로이고 본인의 관심이 청년에 있지 않음을 인정하면 된다. 장청은 그들을 비하하는 것이 아니다. 본인이 책임지고 할 수 있다면 그들을 적극 응원하고 지지할 것이다.

또 다른 예를 들면 한 청년이 장청에게 한국교회와 우리 교회가 부흥하지 않음은 예배와 말씀 때문이라고 했다. 수련회 기간 때의 뜨거움을 찾을 수만 있다면 자신의 교회는 부흥할 것이라고 했다. 장청은 개인의 갈급함과 개인의 필요를 교회와 연계하지 말라고 답했다. 개인의 신앙을 잘 지키는 것은 신앙생활에서 가장 중요한 부분이다. 하지만 개인의 신앙을 잘 지키는 방법으로 뜨거움을 되찾고 그 뜨거움을 지속적으로 유지하는 방법은 매우 어려운 것이다. 사실 청년들에게 필요한 것은 뜨거움을 어떻게 되찾는 것이 아니라, 어떻게 하면 뜨겁지 않은 기간 중에도 신앙생활을 잘 지켜나가는가에 있다.

냉정하게 생각해 보자. 왜 뜨겁지 않은지 모르는가? 열심히 예배하고 기도하고 말씀 묵상하면서 수련회 때처럼 생활하면 된다. 어떻게 하면 뜨거워지는지 알고 있지만 세상 속에서 자신의 인생을 살아가기에 두 가지를 병행하기는 매우 어렵다.

또한 다른 관점에서는 교회나 청년예배의 방향이 영성을 많이 강조할수록 새신자들은 교회에 정착하기가 어려워진다. 지금 청년세대들에게 교회에 대한 인식은 '광신도'의 이미지가 더 강하다. 예배와 말씀에 집중하여 더 깊은 예배를 드리는 것이 사실은 교회를 처음 접한 사람들에게는 더욱 부담스럽게 다가올 수 있음을 인정해야 하는 것이다. 아이러니하게도 뜨거움 때문에 청년들이 떠나갈 수도 있다.

이러한 고민과 생각을 늘 해왔던 장청은 2017년 연합수련회를 기획할 때, 말씀과 영성보다는 코이노니아(나눔과 교제)를 통한 직접적인 체험에 초점을 맞춰 수련회를 진행하였다. 수련회를 개최한 후 참여자의 설문조사를 통해 반응을 살펴보았다. 설문조사 내용 중 갓 스무 살이 된 청년들이 말씀과 예배가 중심이 아닌 수련회를 통해서 자신들이 지금 무엇을 해야 하는지 더 잘 알았다는 피드백과 부담스럽지 않아서 다음에는 믿지 않는 친구들과 같이 참여하고 싶다는 피드백이 많았다. 더 많은 사례들이 있지만 이만 줄이고자 한다.

잘못과 문제를 인정한다는 것은 말처럼 쉽지 않다. 하지만 해야 한다. 왜냐하면 그것이 첫 발걸음이기에 꼭 해야 한다. 한국교회가 예전과 같지 않음 또한 인정해야 하고, 청년이 매우 많이 줄었다는 현실도 인정해야 한다. 교역자와 직분자가 청년들을 교육과 케어(care)의 대상으로 받아들였지만 20년 동안 했던 교육과 케어가 효과가 없었음을 인정해야 한다. 기성세대는 청년들에게 무관심했음을 인정해야 한다.

청년들은 스스로 자신의 문제점을 찾아내고 해결할 수 있지만 귀찮거나 시간을 쏟고 싶지 않은 마음을 가졌던 것과 교회의 일에 관심이 없었음을 인정해야 한다. 청년 리더들의 잘못된 원인 분석으로 인해 잘못된 해결책 제시로 더 많은 청년이 떠나갔음을 인정해야 한다. 교회를 다니는 청년들의 관심이 교회보다는 세상과 자신의 부귀영화에 있음을 인정해야 한다. 지금부터라도 다같이 힘을 합쳐 청년 세대의 문제를 해결하지 않으면 해결될 수 없음을 또한 인정해야 할 것이다. 그렇다면 이제 독자들은 무엇을 인정함으로써 첫 발걸음을 내딛겠는가?

2) 청년이탈현상과 청년빈곤현상 - 교회를 떠나가는 청년들을 어떻게 막을 수 있나?

교회에서 청년이 없어지는 현상은 매우 심각한 현상이다. 우리는 청년들이 교회를 떠나가는 현상을 막아야 한다. 어떻게 하면 청년들이 교회를 떠나가지 않게 할 수 있을까?

우선은 지금 사역하는 청년들이 떠나가지 않도록 노력해야 한다. 지금 사역을 담당하고 있는 청년들은 이미 신앙의 선배들로부터 어떠한 인수인계나 도움 없이 스스로 역경을 이겨내고 그 자리에 서 있다. 그들에게는 교회에 대한 애정이 있다. 애정이 없었다면 벌써 떠나갔을 것이다. 하지만 지속적으로 늘어나는 교회 내의 문제점들과 오래도록 지속된 사역으로 인한 지침과 교회에 대한 많은 실망감으로 인해 그 애정이 조금씩 사라지고 있는 것이 사실이다.

지금 교회에서 열심히 사역하고 있는 청년 사역자들은 너무 귀한 사람들이다. 그들이 떠나간다면 다음세대는 없다. 그들이 스스로 배우고 터득해낸 사역의 노하우들을 활용하여 다음세대를 케어(care)하게 해야 하고 그들의 열정을 원동력으로 하여 청년문제를 해결해야 한다. 이와 같은 사례로 장청 현 회장 이수민 청년의 인터뷰 내용을 살펴보자.

> 저는 부산동노회 청년연합회(2013-2016년/33-36회기 회장)의 활동을 처음 시작할 때 부산동노회 청년연합회 산하 교회 청년부 청년 리더들(임원단)을 만나 보았습니다. 그들과 함께 제가 청년세대에 대해 고민하고 생각하는 '한국교회와 현 청년부 내의 많은 문제'에 대해 소통하기 시작하였습니다. 그때 놀라운 일이 벌어졌습니다. 각 교회의 청년 리더들은 너무나 고립되고 외로웠던 상황이었지만 본인과 같은 고민을 하고 같은 문제를 가지고 싸우고 있는 동역자가 존재한다는 사실만으로 많은 위로와 힐링(healing)을 받게 되었습니다. 또한 동역자와의 소통을 통해 교회와 청년세대를 향한 마음이 더욱 깊어지는 것이었습니다. 함께 동역하는 동역자가 있다는 사실만으로도 청년들은 조그마한 희망을 가지게 됩니다. 이러한 활동을 이어나가는 도중에 제가 섬기고 있는 노회 여전도회연합회에서 청년연합회 임원들이 청년 사역을 하면서 식사는 제대로 하는 것이냐며 걱정을 하시며 매월 10만 원씩 밥값을 후원해 주셨습니다. 그때 느낀 따뜻한 마음이 모든 힘듦과 어려움을 사라지게 만들었죠. 제가 이런 이야기를 하는 이유는 바로 청년 사역자들은 자신을 위로하고 지지해주는 사람이 없기에 더욱 힘이 빠

지고 있다는 사실입니다.

지금 여러분의 교회에서 섬기고 있는 청년들에게 건네는 따뜻한 위로의 한마디가 바로 그들을 더욱 열심히 섬기게 하는 윤활제 같은 역할을 하는 것입니다. 그들이 중심이 바로 서지 않은 상태로 사역한다는 이야기가 아닙니다. 자신이 하는 사역에서 가끔씩 회의감이 들 때, 내가 잘하고 있는지, 올바르게 가고 있는지 의문스러울 때 그런 관심과 위로가 다시 한 번 주님 앞에 나아가 섬길 수 있도록 도와주며 더욱 교회를 사랑하는 마음을 가지게 만듭니다.

- 이수민 청년[10]

그러면 두 번째로 청년사역자들을 제외한 청년들의 발걸음을 어떻게 막을 수 있을까? 모태신앙부터 신앙생활을 한다고 생각했을 때 인생에서 청년시대는 과연 몇 년일까? 청년시대를 20~40대까지라고 생각해 본다면 백세시대를 감안하여 전체 인생에서 청년시대는 고작 20%에 불과하다. 왜 이때 모든 것을 다 이루게 하려고 하는 것일까? 장청이 청년 사역을 하면서 청년들을 만날 때 가장 아쉬운 점은 청년들이 장년부와 같이 변해 간다는 것이다. 청년은 청년다워야 한다. 체력과 열정이 허락하는 한 많은 체험과 활동으로 신앙을 다져

---

10) 대한예수교장로회 청년회전국연합회 68-71회기 회장. 소속:부산동노회 청년연합회. 활동내역:부산동노회 청년연합회 33-36회기 회장, 한국기독청년협의회(EYCK) 부회장, 제10차 WCC 청년스튜어드 등.

나가야 한다.

장청 활동 이전에 교회 청년 회장을 역임하고 있을 때 많은 리더들이 찾아와서 왜 흥미 위주의 사역만 중점적으로 하는지에 대해 질의한 적이 있다. 자신들은 신앙의 깊이를 줄 수 있는 사역을 원한다고 하였다. 당시 이렇게 답변하였다. 20대 후반까지만 교회가 신앙을 지킬 수 있도록 도와주면 그 청년은 평생 신앙생활을 할 수 있다고 생각한다고 답변했다.

실제로 많은 청년들은 고등학교를 졸업하고 대학생이 되면서 떠나간다. 두 번째는 취업할 때와 군대를 전역할 때에 많이 떠난다. 사람들이 지속적으로 교회에 나와서 하나님 말씀을 접하고 하나님을 바라보게 된다면 청년들은 교회를 떠나지 않을 것이다. 청년들에게 지속적으로 교회를 나오게 할 만한 요소가 많이 부족하다는 반증으로 청년들이 교회를 잘 섬기다가 돌연 교회를 나가지 않겠는가?

장청은 항상 그물에 대해서 생각한다. 사람들이 교회에 나오는 원인에는 여러 가지가 존재한다. 그 원인이 말씀, 찬양, 기도, 공동체, 희망, 열정, 믿음, 소망, 사랑 등일 수 있다. 대형교회에 사람이 더욱 많이 늘어나는 이유는 기존의 성도가 많이 감소하지 않고 새신자들이 많이 오기 때문이다.

그러면 왜 대형교회는 기존 성도들이 많이 줄어들지 않을까? 많은 그물들이 있어서 그들을 지켜주기 때문이라고 생각한다. 말씀이라는 그물 사이로 빠지게 되면 찬양이라는 그물이 받쳐주고, 찬양이라는 그물 사이로 빠지면 공동체라는 그물이 잡아주고, 공동체라는 그물 사이로 빠지게 되면 다양한 특별활동이라는 그물이 받쳐준다.

교회가 크고 작음을 떠나서 많은 혼란과 유혹 속에 놓여 있는 청년들이 여러 그물막을 만들어 주어 20대 후반까지만 교회가 지켜주면 다양한 모습으로 평생 신앙생활을 하게 되리라고 생각한다. 그렇다면 흥미와 재미, 가벼움의 사역도 필요한 사역이지 않을까?

장청은 해답을 모른다. 왜냐하면 개교회의 색깔과 모습은 다르기 때문이다. 하지만 각자의 교회의 모습을 통해서 청년들을 조금 더 교회에 있을 수 있도록 지켜준다면, 지금부터 떠나는 청년들 숫자만 줄어들어도 청년들은 부흥하지 않을까? 자신의 교회에서는 어떠한 그물망을 만들 수 있을지 고민하고 실행해 주었으면 하는 바람이다.

3) 개인신앙주의 - 개인의 영성보다 중요한 공동체의 회복

개인의 신앙을 최고의 가치로 여기는 '개인신앙주의'라는 단어는 장청이 자주 사용하던 말이다. 마치 일전에 비판되었던 개인주의 사회가 자연스러운 일상이 되어버린 지금처럼 개인신앙주의는 자연스러운 대세일 수 있다. 하지만 공동체적 헌신과 신앙 없이 개인의 신앙만이 중요시되는 현상은 매우 심각한 문제를 초래할 수 있다.

청년들의 삶은 기성세대와는 매우 다르다. 인터넷 세상이 스마트폰을 통해서 내 손 안에 들어왔고, 그것들이 청년들의 삶에는 매우 중요한 정보를 획득하는 공간이 되었다. 청년세대에게 인터넷은 가상의 세계가 아니라 없어서는 안 될 매우 중요한 공간이 되어버렸다. 청년들은 기존에 당연시 되었던 가치들도 자연스럽게 대안이 되어버린 시대를 살고 있다.

예를 들어 주일성수는 당연한 신앙적 가치였다. 주일성수라고 함은 주일 오전예배를 교회에서 지켜 드리는 예배를 생각한다. 하지만 지금의 많은 청년들은 여행을 가서 스마트폰으로 주일 오전예배 말씀을 동영상으로 시청하든지 아니면 라디오로 듣는다. 그리고 그것으로 주일성수를 대체한다. 그것이 나쁘다는 것이 아니다. 기성세대에는 가끔 그럴 수 있다고 생각할 것이다.

하지만 디지털 예배를 '가끔'이라는 단어로 표현하는 것은 기성세대들에게 통용되는 말이다. 지금 청년 세대들에게 스마트폰 예배는 '가끔'이 아니라 엄연한 하나의 예배로 받아들여진다. 즉 언제 어디에 있든지 자신의 마음이 중요하다는 개인신앙주의에 입각했다고 볼 수 있다. 주일성수라는 목적에서만 본다면 자신들은 철저히 지켰다는 생각을 하고 있다. 교회를 통해서만 배울 수 있었던 성경적 지식은 인터넷과 블로그와 SNS를 통해서 빠르고 다양하게 보급되고 있으며, 인터넷과 블로그와 SNS가 하나의 교육프로그램이며 하나의 스승인 것이다.[11]

기존의 한국교회에서 교육되어왔던 비판적 사고 없이 무조건적으

---

11) Social Network Service의 약칭으로 특정한 관심이나 활동을 공유하는 사람들 사이의 관계망을 구축해주는 온라인 서비스.

로 말씀을 받아들이는 풍토는 출처가 불분명한 인터넷과 블로그를 통한 이단의 메시지들로 인해 무엇이 옳고 그른지에 대한 판단이 어려워지고 있다.

한 청년이 신천지에 속해서 3개월 정도 교육을 받다가 그곳이 신천지임을 알고 나서 빠져나왔다고 했다. 왜 신천지를 빠져나오게 되었는가에 대해 물었을 때 충격적인 이야기를 했다. 당연히 그곳의 말씀이 거짓인 것을 체험하고 나왔을 것이라고 생각했지만 그 청년은 신천지와 한국교회의 말씀 중 어느 말씀이 더 은혜로웠냐는 질문에 신천지의 말씀이 훨씬 은혜로웠고 개인의 신앙생활에 도움이 되었다고 이야기했다.

그렇다면 어떻게 신천지임을 알게 되었으며 왜 계속 신천지에 있지 않고 나오게 되었는지에 대해 질문하였다. 그 청년은 신천지에서 계속 본인이 사랑하는 공동체를 떠나라고 하는 얘기에 의심스러워졌고 주변에서 전달해준 신천지 관련 자료를 읽어보았을 때 내가 배우고 있는 것이 이단임을 알게 되었다고 한다. 그래서 비록 달콤했지만 내가 공동체를 너무 사랑하고 그곳에서 배워왔던 것들이 적지 않음을 인정할 수밖에 없었기에 신천지를 빠져나왔다고 이야기했다.

개인의 신앙만을 강조하는 교회의 풍토가 어쩌면 이단에게 성장을 가져다 준 건 아닐까? 교회가 조금 더 공동체의 역할에 대해 교육했다면, 그래서 공동체가 너무 사랑스럽다면 어쩌면 청년들의 신앙생활에 옳고 그름을 판단할 수 있는 하나의 기준이 되지 않을까 한다.

다시 본론으로 돌아와서 청년들이 주일성수는 스마트폰 영상으로 대체할 수 있다고 생각한다면, 미래의 청년들은 교회라는 건물은 왜 필요한 것인가에 대한 고민을 할 것이다.

이 부분을 좀 더 단순하게 생각해 보자. 앞으로도 청년들이 줄어드는 현상이 지속될 것이다. 그렇다면 그 청년들이 직분을 가진 위치에 올랐을 때는 헌금이 지금의 사역량을 유지할 만큼 들어오지 않을 것이다. 직분자들은 교회의 운영을 위해 많이 지출되는 부분을 과감히 정리할 것이다. 그렇다면 제일 먼저 인건비와 부동산을 정리할 것이다. 공동체라는 이름을 갖지만 공간은 불필요하다고 느끼면 공동체는 SNS 활동으로 대체할 것이며 설교는 유명한 설교자의 영상을 스마트폰으로 함께 드리게 될 것이다. 또는 교회라는 장소를 유지한다면 담당 교역자를 두지 않고 매주 설교만 하는 전문 목사님을 초빙해서 예배를 드릴 수도 있다. 이와 같이 공동체를 중요하게 여기지 않고 개인신앙주의가 심화된다면 청년의 문제는 많은 시사점들을 낳게 된다.

그렇다면 과연 공간으로서의 교회는 필요한 것인가? 공동체가 중요하다면 교회라는 장소는 매우 중요할 것이다. 초기 기독교에서도 예수님께서 가서 제자를 삼으라고 하시고 열두 제자가 많은 공동체를 세우고 공동체를 통해 교회를 세웠다. 개인의 신앙생활을 영위시키는 것이 아니라 공동체를 형성했다. 또한 교회 공동체는 한국 역사에서 많은 부분을 감당해 왔다.

그런데 지금은 '개인신앙주의'로 인해 이 공동체가 무너지려고 하고 있다. 교회 공동체를 바로 세워야 한다. 청년들은 말씀과 기도, 예배가 최고라고 배워왔고 그것이 모든 가치 중에 최고의 것이라고 생각하며 자라왔다.

그러한 생각을 엿볼 수 있는 현상이 있다. 청년들은 예배 순서 중에서도 설교에만 최고의 가치를 두고 있다. 비슷한 현상으로 수련회를 준비해도 예배만 참석하려고 하는 사람들이 꼭 있다. 개인의 신앙생활이 중요시 되는 상황에서 청년 공동체의 붕괴는 교회의 붕괴가 될 수 있음을 명심하고 개교회 속에서 청년들을 중심으로 하는 공동체를 바로 세워주기를 한국교회에 부탁하고 싶다.

4) 교육의 대상인가? 하나의 독립된 단체인가?

이것이 참으로 애매하다. 청년은 법적으로는 성인이자 어른이다. 하지만 한국교회 내에서는 어른으로 인정받지 못하고 있다. 사회에서는 독립된 단체로서의 청년회가 많지만 교회에서는 교육부서 산하의 청년부가 많다. 말은 같아 보이지만 실제로는 많은 차이가 있다. 청년회의 장(대표)은 청년회장이다. 즉 청년이 주체라는 것이다. 기획, 집행, 예산 전부 청년이 주체적으로 만들어 나간다. 책임 또한 청년이 당연히 져야 하는 것이다.

하지만 많은 교회에서 청년부의 예산은 장년부의 도움으로 만들어지고 책임도 기성세대 혹은 직분자가 져야 되며 이러한 것들을 관리하기에 어렵다고 간주하여 결정권을 주지 않는다. 그렇게 대부분은 청년 공동체를 '청년회'가 아닌 '청년부'로 교육부 산하에 두고 교역자 혹은 직분자가 직접 관리한다. 청년부는 청년부장이 담당자이자 최고의 역할을 한다. 청년부장이 청년인 교회는 없다. 또한 청년부 상위기관으로 교육부가 있으면 교육부는 목사 혹은 장로가 책임자이다. 그렇다면 예산, 기획, 집행, 책임도 목사 혹은 장로가 져야 한다.

하지만 교회의 사정은 다르다. 기획은 보통 교역자가 한다. 하지만 이상하게도 세부 기획이나 집행은 청년들이 알아서 진행한다. 재정 확보도 청년이 한다. 또한 사역의 성과가 드러나지 않았을 때 책임 또한 청년들이 진다. 이러한 상황과 체계가 과연 이해가 되는가?

이전에 교단 모임에 참석했을 때 청년이 이렇게 줄어든 상황에 대해서 장청에게 도의적인 책임을 지라고 언급한 교계 지도자들이 있었다. 무슨 말도 안 되는 소리인가? 엄연히 따지면 장청은 총회 교육자원부 산하에 있는 단체이다. 책임을 물으려면 총회 교육부 담당자들에게 책임을 물어야 하는 것이 아닌가? 고작 예산이 7천만 원이 넘는 단체에게 2,200만 원을 총회에서 지원하고 800만 원을 교육부에서 지원하면서 청년이 줄어들고 있는 것에 대한 책임을 지라는 것은 진짜 황당한 상황이지 않을까? 그러면 수십억 원이 넘는 예산을 집행하는 교육부가 전체 교회학교 및 청년부가 줄어드는 현상에 대해서는 책임을 질 준비가 되어 있는가?

물론 장청이 청년세대 문제 상황에 대해 책임을 지라고 한다면 지금까지 아무것도 하지 못함에 대한 책임은 질 수 있다. 청년이 줄어드는 문제에 책임을 지기 위해서 2016년부터 많은 준비된 활동들을 시작하였다. 청년부의 교세 파악이 원활하게 이루어지지 않은 상황에서 본 교단 청년부 교세 파악부터 시작하여 지금 현재 청년들과 청년사역을 위한 책도 만들고 있는 것이다.

권위와 예산, 힘은 모두 기성세대가 쥐고 있으면서 청년 문제는 장청에게 알아서 잘할 것을 요구하는 것은 실소할 일이라고 생각된다. 교단에는 여러 개의 청년 관련 단체가 있다. 하지만 청년이 포함된 단체는 장청밖에 없다. 청년이 없는 청년단체는 너무 이상하다.

장청이 총회에 기안을 하려면 무조건 교육자원부를 거쳐야 하는데 그 시간이라는 것이 참으로 길어서 시기를 놓쳐 버릴 때가 참으로 많았다. 청년세대라는 것이 참으로 복잡하다. 정확하게 말해서 청년사역의 핵심은 타이밍이다. 불씨가 일어났을 때 그 불씨가 없어지지 않도록 정확하고 빠른 판단으로 불을 지펴야 한다. 하지만 여러 부서의 허락은 그 불씨가 없어지게 만들 뿐이라고 생각한다.

부산의 한 교회 청년리더의 이야기이다. 그가 스무 살 때(2006년) 그 교회 청년부 인원은 200명이 넘었고 예산은 총 1억 8천만 원이 넘었다고 한다. 그 이유는 그 교회는 청년들이 낸 헌금을 청년들이 청년부 예산으로 직접 사용하기 때문에 재정이 어떻게 집행되는지

따로 교육이나 훈련은 필요 없이 자신들이 청년부를 만들어 가는 공동체를 형성하다 보니 헌금은 자연스럽게 늘어 청년부 자체 예산이 늘어났으며 청년들도 점차 늘었다고 했다. 그래서 청년들은 힘을 합쳐 청년부의 기자재도 구입하고 청년부 차도 구입하고 전도도 활발히 하는 등의 여러 사역들을 기획하고 진행하였다.

하지만 기존의 담임목사가 은퇴하고 새로운 담임목사가 부임하면서 상황이 많이 변했다고 한다. 새로 부임한 담임목사는 서울의 대형교회에서 청년부 사역을 하고 오셨는데, 교회 청년회의 색깔을 무시한 채 청년회가 자체적인 활동을 하는 것이 아니라, 장년부에 귀속시키고 하나의 동아리로서 유지되길 원했다. 물론 예산도 장년부에 복속시키고 예산을 받아서 활동하는 것이 옳다고 생각하셨다. 물론 적극적으로 그 일을 추진한 것은 아니었지만 차근차근 준비를 하였다. 그러한 준비를 하는 동안 담임목사는 청년들의 문제를 철저히 장년부와 논의하였고 얼마 지나지 않아 청년들의 예산이 당회 예산으로 복속되어야 했고 6년 만에 청년은 50명으로 줄어들었고 예산은 3,000만 원 이하로 줄어들게 되었다.

부산에 있는 교회 중 청년부가 유명했던 교회가 참으로 허망하게 사라지는 순간이었다. 이러한 사태에 분노한 청년리더는 목사의 청년사역을 비판하고 조언하면서 청년회의 재활성화 방안에 대하여 7장의 호소문을 담임목사에게 제출해서 목소리를 냈다. 그 결과 안타깝게도 그 청년은 교회에서 쫓겨나야 했다고 한다. 청년공동체에 열정이 있고 뜻있는 청년이 교회를 떠날 수밖에 없었던 현실이 매우 안타까웠다.

이와 반대로 대전의 한 교회는 당회 예산을 지원받던 청년부를 자체 예산으로 운영하고 청년들이 주체적으로 사역을 잘할 수 있도록 지원해주었더니 40명이었던 청년부가 3년 사이에 300명으로 늘어났다는 이야기도 있었다. 헌금에 대해 설명하고 설교할 필요 없이 이만큼 더 좋은 헌금 훈련이 어디 있으며 그 많은 예산을 집행하면서 청년들 개개인의 역량은 얼마나 더 증가할지 모른다. 또한 청년 장로가 존재하는 교회는 대개 청년 회원의 숫자가 매우 많다. 청년들을 교육의 대상으로 바라보던 시대는 지났다.

사실 장청은 굳이 청년이 아니더라도 청년사역을 더 잘할 수 있는 사람이 청년부를 담당했으면 한다. 그것이 청년 목사든, 담당 부장집사 혹은 장로든, 청년회장이든, 담임목사든 상관없다. 더욱 잘 섬길 수 있는 사람이 청년사역을 담당했으면 한다. 스스로 자신이 없다면 당연히 그 자리는 청년들에게 돌아가는 것이 맞지 않을까? 지금까지 교육부 산하에 있었다면 교육부는 청년이 이렇게 줄어들 동안 무엇을 했는지 한 번 돌아봤으면 한다.

5) 가성비와 효율성 - 청년이 스스로 선택할 수 있는 사역

어떻게 하다가 교회에서 '가성비'를 따지게 되었을까? 지금 교회에 남아 있는 청년들의 대부분은 어렸을 때부터 신앙생활을 하던 사람들이다. 즉 부모님들을 통해서 익히 많은 모습들을 보아왔다. 중·고등학교 때에는 종교보다도 학업이 중요하다고 말하고, 주님이 주신 가치보다는 세상의 가치에 열중하는 모습을 그대로 배우지 않았을까? 장청의 현 임원들도 청년 활동을 하면서 기성세대에게 가장 많이 듣는 말은 "청년세대에 열심히 섬기는 것들은 중요하지 않다. 본인의 본분인 공부와 취업부터 한 후 사회에서 자리를 잡은 후에 헌금을 하고 헌신을 하는 것이 훨씬 더 은혜롭고 중요하다"라는 말이었다.

바꾸어 말하면 교회의 사역에 치중하면서 본인의 삶을 등한시하여 사회에서 인정을 받지 못할 경우 청년세대의 헌신은 결국 교회에서도 인정받지 못한다는 말이었다. 더 나아가 세상의 성공을 가지면 나머지 교회에서의 활동도 더욱 인정받는다는 말이었다. 올바른 신앙인의 모습은 예수님과 같은 모습을 살기 위해 죽을 때까지 노력하는 삶을 살아야 하는 것이다. 그런데 이 무슨 말도 안 되는 논리인가? 청년들에게 왜 교회사역이 세상의 일보다 중요하지 않게 되어 버린 것일까? 사실 교회 청년활동을 열심히 해온 나는 청년들에게 교회 내의 사역은 미래의 사회생활을 간접적으로 체험해 볼 수 있는 매우 좋은 활동이었다.

사회는 돈이라는 공동 가치를 두고 강한 결속력이 있는 집단이다. 하지만 교회는 하나님이라는 공동 가치는 있지만 강한 결속력이 있는 집단이라기보다는 설득과 협의를 통해 하나의 가치를 만들어가며 활동하는 곳이다. 즉 생각이 다른 사람들의 마음을 움직이는 데 설득과 소통은 매우 중요한 가치이며, 사회에서도 요구되는 필수 사항이다. 올바른 교회 활동은 간접적인 사회 체험이 되며 무엇보다도 공손한 태도로 여러 절차를 거치면서 일이 되어져 가는 모습을 보면서 하나님의 마음을 간접 체험할 수 있게 된다.

하지만 문제점은 청년들이 직접적이고 적극적으로 이러한 활동에 참여하지 않는 데 있다. 일례로 5년 동안 노회 청년연합회 활동을 통해서 총 40명이 넘는 임원회와 함께 일했지만 활동을 하면 할수록 주님의 인도하심을 느끼는 인원은 실질적으로 40명 중 5명에 불과했다. 물론 세상의 모든 일이 그렇다고 생각한다. 내가 얼마나 노력하는지에 따라서 배움의 폭이 늘어난다. 적극적으로 하나님의 일에 참여하는 사람들은 300만 원 예산으로 4,000만 원을 집행하는 하나님의 놀라운 축복을 눈으로 보고 경험하는 데 반해 그렇지 않은 사람은 '아, 대단하네' 정도로 끝나고 마는 것이다.

청년들은 마음이 있어도 재정이 부족하기에 본인들이 직접 기획하고 실행해 볼 수 있는 사역이 많지 않다. 즉 기회가 부족했던 지금의 청년들은 직접 체험하지 못하면 절대로 교회의 사역들이 자신의 인생에 도움이 된다고 생각조차 하려고 하지 않는다. 자신의 인생에서 주님의 사역을 감당하는 것이 매우 직접적인 도움이 된다는 것을 체험하는 것이 매우 중요하다.

그러기 위해서는 청년들이 많은 사역을 직접 할 수 있는 장이 마련되어야 한다. 정말 작은 것들을 사용하셔서 큰 일을 만들어내시는 주님의 사역을 체험하기 위해서는 진지하고 집중력 있게 주님의 사역을 해야 한다. 교회의 사역이 점점 미니멀(minimal)해지고 사역의 선택과 집중으로 인해서 많은 기회들이 사라져 가는 것이 안타깝다.

청년들은 기성세대와 다르다. 우리는 아닌 것은 그 누가 되었든 아니라고 말해야 한다. 청년들에게 효율성 또한 매우 중요한 가치이다. 한국 사회는 대통령의 부정한 면에서 모두가 하나되어 목소리를 높인 결과, 대통령의 잔여 임기가 있음에도 불구하고 그 직위를 내려놓게 되는 나라로 변화되었다. 하지만 교회는 그렇지 않다. 청년들은 자신의 힘으로는 아무것도 바꿀 수 없다고 생각한다. 즉 노력해봤자 바뀌지 않으니까 자신이 자신의 교회를 변화시킬 수 있는 주체라고 생각하지 않는다. 노력에 대비해 성과가 매우 미비하기에 더욱 쉽게 포기하는지도 모른다.

청년들이 교회에서 가성비와 효율성을 따지지 않으려면 청년들 스스로 교회와 공동체를 좋아해야 한다. 교회가 청년들을 선택하는 것이 아니라 청년들 스스로가 교회를 선택할 수 있도록 도와줘야 한다. 청년이 스스로 주님과 진짜 가족이 되었다고 느껴야 한다. 말뿐이 아닌 진정한 가족 말이다. 자신의 가정에서 가성비와 효율성을 따지는 청년은 없다. 아무리 청년들이 개인주의가 심해도 좋은 가족 관계를 유지하기 위해 최소한의 노력으로 최대의 성과를 생각하지 않는다. 교회공동체도 하나의 가족이다. 좋은 가족이 되기 위해서는 교회의 권위자들이 먼저 손을 내밀어야 되지 않을까? 교회가 먼저 변화하고 바뀌어야 한다. 교회가 좋은 곳으로 변한다면, 교회가 가정보다 좋다면 청년들이 다시 교회로 모이는 것이 가능하지 않겠는가?

그러면 어떻게 하면 교회가 좋은 곳이 될 수 있는가? 이 문제의 답은 간단하다. 성도 한 사람, 한 사람이 자신의 교회가 좋아지기 위해서 변했으면 하는 단 한 가지를 정하고 많은 노력이 필요하더라도 자신이 직접 변화시켜 나가는 것이다. 그렇게 1년, 2년 동안 여러 사람들이 교회의 옳지 않은 모습을 변화시켜 나간다면 100년 뒤의 교회는 모든 사람들이 칭송하는 공간이 되지 않을까 한다.

6) 소통-서로 다른 코드(code)를 함께 맞춰가는 소통

우리 교회에는 다양한 세대들이 존재하며 세대들마다 자신의 삶과 교회 내 사역을 통하여 소통하는 방법이 다르다. 소통의 방법을 어떻게 맞추어 나갈 것인지에 대해서 우리는 깊이 고민해야 하며 청년과 목회자(또는 교역자), 장로가 함께 소통할 수 있는 장을 마련해야 한다. 왜 함께 소통할 수 있는 장을 마련해야 하는 것일까? 각 세대들마다 중요시 여기는 가치와 여러 방법론들의 차이로 인해 많은 오해가 생기곤 한다. 각 세대들은 같은 목적을 추구한다. 다만 코드가 다를 뿐이다. 이로 인해 서로에게 많은 실망감과 상처를 준다. 물론 주된 대상은 청년들이다.

　청년부에서 사업(또는 사역)을 진행할 때 임원들은 청년회 구성원들과 소통을 한 후 그들에게 필요한 것과 원하는 것에 대해 파악을 한다. 그 후 그들의 눈높이에 맞춰 기획을 한다. 이렇게 짜여진 계획은 행정 절차에 의해 기획안을 작성하게 되어 있고 기획안 내에 사업(사역)의 필요성과 목적, 예산 등에 대한 내용으로 지도 장로(또는 부장집사)에게 보고한다. 지도 장로는 청년부의 임원들이 제출한 기획안을 검토하고 늘 부족한 부분을 문제 삼는다. 부족하다면 그 부분을 채우기 위해 각 직책이 필요하다. 살면서 행정적인 일이나 누군가를 설득해 볼 기회가 부족한 청년들은 당연히 사회생활을 오래 한 기성세대들보다 많은 부분에서 부족하다. 하지만 함께 소통하면서 무엇이 부족한지를 잘 설명해주고 그것들을 해결할 수 있도록 도와준다면 청년들은 더욱 적극적으로 직분자들과 함께 사역을 진행하리라고 확신한다.

　청년들이 완벽한 사역을 진행할 수 없다면 완벽하게 할 수 있도록 지도하는 것은 장로와 부장집사의 역할이다. 그들은 상사로서 청년들을 관리하고 청년들의 일거수일투족을 허락해주는 사람이 아니다. 청년회에서 직분을 가지고 있는 사람들의 목표는 똑같다. 그들은 모두 청년의 부흥을 바란다. 하지만 서로가 올바르게 소통하지 못함으로 인해 청년들은 사역을 평가당하고 허락받는다는 느낌을 받는다.

　실제로도 지도 장로의 판단하에 사업(사역) 진행 여부가 결정되는 것이 사실이며 지도 장로를 통해 당회로 올려진다. 이때 교회와 담임목사(혹은 지도 목사)의 사역 방향과 일치하지 않는다면 청년들에게 어떠한 설명도 없이 청년부에서 필요하다고 생각한 사업은 갑자기 무산이 된다. 이렇게 폭력적인 방법이 어디 있는가? 과연 남선교회나 여전도회가 진행하고자 하는 사역을 당회가 청년들에게 하는 것처럼 거절한 적이 있을까? 그런 경우는 한 번도 본 적이 없다. 청년들에게 먼저 손을 내밀어 주는 어른들이 되었으면 한다. 아니라면 청년들이 스스로 자생할 수 있도록 물심양면으로 도와주기를 간절히 바란다.

이러한 소통 방법의 문제점은 각자의 역할에서 각자가 맡고 있는 눈높이만 고수하는 것이다. 담임목사(혹은 지도목사)는 해가 바뀔 때마다 목회 방향과 사역 방향을 설정한다. 장로는 담임목사의 목회 방향에 따라 절차와 형식을 체계적으로 구성하며 교회의 원활한 운영을 위해 힘쓴다. 청년부는 교회의 전통을 고수하면서 청년부를 활성화시키기 위해 힘쓴다. 그러나 담임목사의 목회 방향에 대해 청년부에게 한 번도 가르쳐 준 적이 없다. 어느 교회든 목회와 교회 사역 방향에 대해 청년부를 대상으로 설명해 주는 사례가 없다. 그리고 청년 세대는 소속 교회의 운영 시스템과 절차, 형식에 대한 가르침을 받은 적이 없다. 본 적도, 들은 적도 없는 담임목사의 목회 방향과 교회의 절차와 형식에 청년부가 맞춰야 하는 것이다.

반대로 담임목사를 포함한 당회 또한 청년부의 방향과 비전에 대해 듣고자 하지 않으며 오직 지도 교역자를 통한 보고를 받는 것이 끝이다. 즉 동역자로서 사역하는 것이 아니라 관리하는 많은 부서 중 하나라고 생각하는 것이다. 청년부의 상황과 문제점과 고민을 전혀 이해할 수 있는 수단과 장이 없는 것이다. 하지만 활동할 때 항상 많은 리스크가 존재하는 청년부의 사역은 청년들의 목적과 목회 방향이 일치하지 않아 많이 무산된다. 이때 청년 리더들은 청년부의 현실을 반영하지 않은 목회 방향에 괴리감을 느끼며 지치게 된다.

청년들은 진짜 불과 같다. 불처럼 타오를 때는 정말 활활 타오른다. 하지만 그 시기를 놓쳐버리면 매우 빨리 식어버린다. 청년들이 마음이 생겨 사역을 진행하기 원할 때 그 마음이 커질 수 있도록 적극 지원해야 한다. 그런데 많은 행정 절차와 거절들로 인해 그 마음이 식어버리곤 한다. 청년 공동체는 과연 누구를 위한, 무엇을 위한 공동체인지에 관해 생각해봐야 한다.

청년들의 상황과 문제를 알지 못하는 직분자들이 주도하여 진행한 사업과 사역은 청년부에게 동기부여가 되지 않을 뿐더러 현재의 상황에 대한 이질감을 갖게 만든다. 그렇기 때문에 청년들과 목회자, 장로가 함께 소통할 수 있는 장을 마련해야 한다는 것이다. 이러한 장은 극소수의 교회에서만 진행되고 있다(장청은 세대가 어우러져 소통의 장을 꾸준히 이어나가고 있는 교회를 본 교단에서는 3개의 교회만 확인할 수 있었다).

예를 들면, 청년 리더가 당회에 함께 참여하는 것, 교회 내 청년위원회가 구성되어 정기적인 회의를 통해 서로가 서로를 인정하며 협치를 하는 것 등에 대한 사례다. 앞의 원인에서 말한 것처럼 코드(code)는 다르지만 모드(mode)는 동일하다는 말이다. 청년세대, 목회자, 장로 등 전 세대가 최종 목적으로 하는 것은 우리 교회의 부흥이며 청년세대의 활성화이다. 청년들의 상황과 청년들이 필요로 한 것에 대해 늘 고민하고 경청하면서 그들의 상황과 동일하게 직접 겪고 있는 사람은 청년부 임원회이다. 교회 내 행정과 운영 방식, 시스템에 대해 잘 아는 사람은 장로이며, 목회와 사역 방향을 설정하는 사람은 목회자이다. 서로 다른 코드(code)를 인정하며 소통의 장을 통해 함께 맞춰야 한다는 것이다.

소통의 장에서는 각자 분담된 역할에 대한 분명한 의사 전달이 필요하다. 목회자는 목회 방향에 대해, 장로(또는 부장집사)는 행정 절차에 대해, 그리고 청년들은 청년들의 입장과 상황에 근거한 목적에 대하여 분명한 전달이 필요한 것이다. 이때 서로의 역할에 대해 눈높이를 맞춰 이해하고 인정하는 것이 필요하다. 그리고 수직 관계가 아닌 수평 관계로 서로를 존중하며 동등한 관계로 성숙한 소통으로 이루어져야 할 것이다. 이러한 소통의 장이 마련되었을 때 서로 다른 코드(code)로 세대가 어우러져 함께하는 모드(mode)로 진행되어 더 큰 시너지(synergy) 효과를 볼 수 있을 것이라고 생각한다.[12]

---

12) 네이버지식백과사전, 하나의 기능이 다중으로 이용될 때 생성되는 효과를 뜻하며, 상승효과, 협력효과로도 볼 수 있다.

7) 개교회주의 - 본질로의 회귀(노회와 총회)

한국 기독교는 선교사를 통해 어려웠던 사회에 의료, 학교 등으로 공헌하며 기독교를 전파하였다. 이를 통해 사회의 공신력을 얻어 교회를 세웠고, 교회는 각 지역으로 급속도로 퍼져나갔다. 많은 활동을 중앙에서 교회로 지원해 주는 것에 한계가 있었으므로 각 지역에 노회를 만들었다. 노회는 각 지역의 교회가 원활하게 운영될 수 있도록 지원하며 관리하기 시작하였다. 그렇게 교회 수가 많아지면서 노회가 점차적으로 분립되어 지금과 같은 모습이 되었다.

총회와 노회의 목적은 개교회가 원활한 운영으로 복음과 하나님을 잘 전할 수 있도록 돕는 것에 있다. 하지만 지금의 노회와 총회는 정치적인 단체로 변질되고 있으며 친목단체의 색깔도 매우 짙다. 이러한 상황이 오랫동안 지속되다 보니 개교회는 노회나 교단을 무시하고 자신의 교회를 최고로 생각하는 개교회주의가 팽배해졌다. 물론 자정작용을 했어야 했던 노회나 교단이 그렇지 못한 것에 문제가 있었다. 또한 노회나 교단의 구성원이 되는 개교회도 이러한 상황에 무관심했다. 따라서 노회나 교단의 순역할인 개교회가 올바른 길로 갈 수 있도록 돕는 등대 같은 역할도 할 수 없게 되었다.

한 예로 이단 이데올로기가 있는 교회를 제재할 수 없어졌으며 종교인으로서 중심을 잡아야 하는 가치(차별금지법, 동성애 문제, 이단, 교회 세습 등)에 같은 교단과 노회임에도 불구하고 교회마다 서로 다른 가치를 주장하여 사회에서 바라볼 때 하나의 공동체로서의 모습을 보일 수 없게 되었다.

청년들의 문제도 똑같다. 지금 청년들의 문제는 개교회가 스스로 해결할 수 없다. 신학교에서는 청년세대를 위한 연구를 신속하게 진행해야 하고, 재정적 지원 아래 많은 시도들이 있어야 하며, 노회나 교단에서 나서서 해결해 주어야 한다. 하지만 실제로는 쉽지 않다. 본 교단에서 청년부가 존재하는 교회들 대다수가 청년들이 20명 미만인데 이들이 연합하여 해결점을 모색하지 않는다면 대형교회를 제외한 모든 교회에서 청년들의 모습이 사라져 갈 뿐이다.

지교회가 어떠한 문제를 해결할 수 없다면 노회와 교단이 마땅히 나서서 이러한 문제를 해결할 수 있는 실마리를 찾아야 한다고 생각한다. 우리 교단도 그렇다. 교단 산하에 청년세대를 위해 교회성장운동본부 산하의 청년분과, 총회 특별위원회인 청년위원회, 교육부 산하의 장청 3개 부서가 각각 운영되고 있다.

그러나 장청을 제외한 부서의 위원에는 청년이 없다. 교회성장운동본부 산하의 청년분과는 이제까지 회의 외에 드러나는 일정이 없었다. 총회 특별위원회의 청년위원회에서 장청이 처음으로 함께 연대하는 청년 기관이었으나 청년위원회 임원모임에서는 청년들의 참여를 꺼려하였다. 장청은 3개 기관과 함께 연계하여 많은 고민과 연구를 하고자 하였으나 그들이 장청에게 한 답변은 "장청은 색깔(이념적 색깔)이 있어서 함께하기 꺼려진다"라는 말이었다.

이렇게 청년 세대를 위한 3개의 기관이 조직되어 있으나 그중에서 청년이 소속된 기관은 장청뿐이다. 그럼에도 불구하고 장청에게 지원하는 예산보다 훨씬 더 많은 예산을 그 부서에 지원하며 부서는 청년들에게 아무런 영향력이나 활동들은 하지 않고 형식적인 모임만 진행할 뿐이었다.

이렇게 심각한 상황에서도 교단 총회에서는 목사연금문제, 이단문제, 정년문제, 세습문제만을 이슈화시킨다. 무엇이 중심이 되어야 하는지 알 수 없다. 언젠가는 노회도, 총회도 변화하리라고 생각한다. 청년세대가 장로가 되고 목사가 되면 변할 것이다. 다만 지금과 같은 모습이 반복되지 않도록 많은 소통을 통해 지금의 청년들이라도 함께 동역할 수 있도록 노력하고 있는 실정이다.

그렇다면 지역노회 청년연합회(이하 지역장청)는 왜 필요한 것인가. 장청은 현존하고 있는 지역장청과 소통을 자주 한다. 소통을 하면서 지역장청의 필요성을 더 철저하게 느낀다. 교회의 청년 리더들이 노회의 역할에 대해 많이 오해하고 있다. 노회는 교회를 간섭하고자 하며 개교회 활동을 방해하고자 한다고 생각한다. 이유는 알 수 없다. 그렇지만 청년 리더들이 노회를 바라보는 시각에는 기성세대들이 노회를 대하는 방식과 인식이 투영되고 있음을 알 수 있었다.

그러한 인식을 변화시키기 위해 노회청년연합회에서는 교회에게 진솔하게 다가간다. 노회의 본래 목적에 대해서 설명하고 한국교회와 청년세대의 활성화를 위해 함께 일어나고자 하는 것임을 표현하고 개교회에서 청년리더들이 느꼈던 아픔을 함께 공유하고 그들이 고민하고 있는 것은 우리 모두의 고민이라는 것을 전해준다. 노회라는 곳은 아픔과 힘듦을 위로 받고 힐링 받으며 시너지효과를 발휘하고자 하는 곳임을 직접 겪으며 경험하게 한다.

지역장청이 조직되어 있지 않은 노회에서 장청이 지역장청을 조직하고 재건할 때 교회들은 장청에 대한 부정적인 생각을 많이 했다. 1980년대에 장청이 민주화 운동에 앞장서서 활동했던 시기를 많이 떠올린다. 민주화 운동을 하면서 교회가 그들의 안식처가 되어 주어 비기독교인들과 함께 교회에 피신하였다. 그들이 교회 앞에 담배꽁초를 버린다든지, 거칠게 투항하는 모습으로 비춰져서 장청에 대한 인식이 매우 좋지 않았다.

그러나 현재의 장청은 다르게 생각한다. 기독교인이든, 비기독교인이든 누구나 교회에서 쉬며 안식을 구할 수 있는 것이 하나님의 뜻이라고 생각한다. 그들이 비록 담배꽁초나 쓰레기를 교회에 버렸더라도, 그들로 인해 교회가 포위당하였더라도 먼저 믿은 자로서 그들을 포용해주는 것이 당연한 주님의 말씀으로 생각한다. 또한 그들로 인하여 지금 현재 민주주의 국가를 이루어 대통령이 잘못하였더라면 국민의 힘으로 대항하는 상황까지 만들 수 있었다고 생각한다.

당시의 장청은 목숨을 걸고 정의를 위해 싸웠지만 현재의 장청이 하고자 하는 것은 목숨을 걸고 존폐의 위기에 서 있는 한국교회의 청년 부흥 운동인 것이다. 이제는 우리가 무너지고 있는 한국교회 부흥을 위해 모여서 협력하여 다함께 하나님의 선을 이루고자 하는 것이다. 지역노회마다 지역적 특색으로 인해 가고자 하는 길은 다르지만 최종으로 장청이 원하는 것은 한국교회의 부흥이다. 지역장청을 통해 교회와 교회가 연합하기를 원하고 지역장청과 지역장청이 연합하여 장청을 이루어 협력하고자 하는 것이다. 지역장청은 각 지역의 특색을 살려 예배와 기도회, 혹은 체육대회, 수련회, 토론회와 같은 포럼(forum) 등 많은 사업을 진행하며 청년들이 주님 안에서 연합하여 마음껏 주님을 섬길 수 있도록 하고자 하는 것이다.

실제로 한 노회는 지방 지역에서 넓은 지역으로 분포가 넓다. 그 지역은 시골이 많아 청년들이 많이 없어서 청년예배가 없었다. 그래서 그 청년들은 노회 산하 시찰 청년연합회를 조직하여 청년예배를 드리고자 하였다. 그런데 노회에서 불같이 화를 내었다. 청년연합회를 일부러 없애왔으며 없애려고 하는데 왜 새롭게 조직하는 것인지에 대해서 화를 낸 것이다. 장청은 이러한 상황 속에서라도 지역장청을 비롯한 청년 공동체를 계속해서 조직하고자 한다. 장청의 힘을 키우려고 하는 것이 아니라 서로가 서로의 동역자가 되어 공동체를 이뤄 공동체가 함께 목소리를 내며 함께 울부짖으며 죽어 가고 있는 청년세대와 한국교회를 위하고자 하는 것이다.

장청은 지역 장청을 통해 청년 세대와 사역에 대해 연구하여 데이터베이스를 구축하고자 한다. 각 지역적 특색을 고려하여 데이터베이스를 구축하여 청년부와 리더들과 함께 실태와 원인, 대안에 대해서 함께 소통하고자 한다. 한국교회의 부흥과 청년세대의 활성화를 위해 계속해서 연구하고 지역장청과 지역과 공유하고 연합하여 사라져 가고 있는 동역자와 무너져 가고 있는 공동체를 바로 세워나가고자 한다.

8) 무관심 - 청년에게 관심을 가진다는 것은 무엇을 말하는 것인가?

어린아이들과 시간을 보낼 때 아이들의 행동을 보면 자신을 좋아하는 사람, 싫어하는 사람에 대한 구분이 명확하다. 자신을 좋아하는 사람에게는 다가가서 안기기도 하고 애교를 부리기도 하지만 자신을 싫어하는 사람에게는 다가가는 것을 꺼려하고 울음으로 자신의 감정을 표현한다. 어린아이지만 자신에게 관심 있는 사람과 관심 없는 사람을 철저하게 구별하는 것이다. 어린아이가 거부할 때 어린아이의 감정을 무시하는 사람이 있는 반면 아이의 관심을 끌어 관계를 가지고자 하는 사람이 있다. 아이의 관심을 끌 때에 과자, 장난감 등의 도구 혹은 노력이 필요로 할 것이다.

이런 아이들과 같이 청년세대들도 자신의 삶과 고민에 대해 관심을 가지고 공감을 해주는 사람과 무관심한 태도로 말만 하는 사람을 구별한다. 그러나 어린아이와 동일하게 표현하지 않고 스스로 고민을 하여 관심을 이끌려고 노력한다. 아이에게 과자나 장난감을 주며 관심을 이끌듯 청년세대들도 여러 가지 방법으로 청년세대에게, 기성세대에게 그리고 교회에게 어떻게 관심을 이끌지에 대해 늘 고민한다.

장청은 앞의 실태에 대한 원인 분석에서 교회가 청년세대에게 무관심한 사례를 데이터를 통해 말하였다. 앞에서 말한 세 차례의 호소문 진행 방법을 봤을 때도 알 수 있을 것이다. 장청은 늘 예산이 부족하다. 총회에서 정해진 예산 3,000만 원으로 운영을 하면 인건비 지출 외에 아무것도 할 수 없다. 청년부의 활성화를 위해 여러 가지 사업과 방안을 모색하려면 총회에서 받는 예산 외에도 모금 및 후원 활동이 필요하다. 전국 교회에서 1만 원씩만 후원해 준다면 8,800만 원이 확보된다. 그러나 몇몇 지도자들은 1개 교회 1만 원을 제안하는 것은 교회를 대상으로 청년들이 장난치는 것처럼 보인다고 조언하였고 교회에 큰 부담을 주고 싶지 않았기에 1개 교회 2만 원 캠페인을 청년호소문을 통해 진행하였다.

이전까지 장청에서 발송했었던 공문이 교회로 전달되지 않는다고 말씀하시는 분들이 많이 계시기에 첫 번째 호소문은 전국 교회에 직접 공문을 발송하였다. 전국 교회로 직접 공문을 발송하니 우편 발송비만 약 500만 원이 지출되었다. 이때까지만 해도 8,800개 교회 중에서 250개 교회만 동참해 준다면 우편 발송비는 확보될 것이라고 생각했고 본 교단에서 청년들의 호소를 들어주는 500개 교회는 있을 것이라고 판단하였다. 하지만 예상과 달리 10개 교회가 참여하였다.

이 결과를 들은 본 교단 교계 지도자 및 기성세대, 일부 교회는 이와 같은 노력을 무식한 행동이라며 노회를 통하여 정식적인 루트를 통할 것을 요구하였다. 그렇게 1개월 만에 67개 노회를 통해 다시 한 번 교회로 전달하였다. 지도자들이 말한 정식적인 루트대로 하니 8,800개 교회 중 4개 교회가 참여하였다. 교계와 교회의 지도자들의 방식대로 하니 총 3개월 동안 14개 교회가 참여하며 한국교회가 청년 세대의 호소에 무관심함을 피부로 철저하게 느낄 수 있었다.

이러한 사례만 보아도 알 수 있다. 기성세대들은 자신의 무관심함의 이유를 청년들의 행정 절차에 문제가 있었다고 이야기한다. 그래서 장청은 모든 의견을 수렴하여 행정 절차를 보완하고 실행하였음에도 결국 결과는 똑같았다. 만약에 장청에게 조언을 하지 않고 본인들의 교회로 돌아가서 캠페인에 동참했어도 이것보다는 많은 교회가 후원을 하였을 것이라고 생각한다.

그렇지만 청년 세대를 다시 일으키려면 이대로 절망하거나 주저앉아 있을 시간이 없다. 장청은 다른 방안을 모색해야 했다. 호소문이 본 교단 교회의 관심을 얻지 못했으니 장청은 총회 및 노회의 많은 공식석상에 참여하여 눈에 띄어 보이기로 하였다. 계속해서 눈에 띈다면 청년들을 한 번이라도 생각해주지 않을까라는 생각으로 행사에 많이 참여하였지만 결과는 아무도 청년세대에게 관심을 갖지 않았다.

그러나 관련 기사 및 공식석상의 표면은 청년세대와 함께한 모습이었다. 실제로 교계 지도자들은 다 함께 줄을 서서 인사하는 자리에서도 청년은 건너뛰고 다음 사람에게 넘어가서 인사하였다. 교계에서도 다음세대와 함께한다는 것으로 표면을 내세우기 위해 청년을 병풍처럼 세워만 두고 사진을 남기는 것이 전부였다.

공식석상에 참여하였을 때 지도자들이 쳐다보지도 않고 무시하니, 잠깐 틈이 날 때 접하기 좋은 팸플릿을 제작하여 팸플릿을 억지로라도 쥐어드리고 와야겠다는 생각을 했다[13]. 장청 팸플릿에는 청년들의 기도 제목과 호소문이 담겨 있었다. 교단 총회를 포함한 공식 석상에서 팸플릿을 나눠드리자 눈이 어두워서 글이 안 보이니 받아가지 않겠다고 하는 사람, 쓰레기 취급을 하는 사람 등 반응이 다양하였다. 팸플릿을 배포한 날은 길가에 떨어져 있는 팸플릿을 수거하는 데 시간을 많이 소요하였다.

교단에서 제정한 총회 주일에는 전국의 모든 교회가 총회 주일을 지키며 주일헌금과 따로 헌금도 한다. 그러나 교단에서 똑같이 제정한 청년 주일은 총회 주일처럼 지키지 않는다. 이러한 사실을 보고 헌금을 보내주지 않아도 되니 청년 주일로만 지켜달라고 호소하고 있는 상황이다. 지교회에서 청년들은 어떨까. 하나님의 사역에 헌신하는 청년들로 바라보기보다는 청년들이 당연히 해야 하는 일처럼 여기면서 "수고했다"라는 인정과 칭찬은 찾아 볼 수 없다.

이렇게 청년세대에게 무관심한데 청년세대가 진정으로 원하는 것이 무엇이라고 대답할 수 있는 사람이 있을까? 청년세대를 위해 기도하지만 어떤 기도를 해야 하는지 청년세대에게 귀를 기울여 본 적이 있는지에 대해 질문하고 싶다. 과연 청년세대가 목소리를 내지 않아서, 청년세대가 열심히 하지 않아서 청년 세대가 원하고 필요로 하는 것이 무엇인지 모른다고 할 수 있을까? 청년세대는 교회에서,

---

13) 네이버국어사전, 설명이나 광고, 선전 따위를 위하여 얄팍하게 맨 작은 책자.

뉴스에서, SNS에서 꾸준히 목소리를 내며 호소하고 있다. 다양한 방법과 루트를 통해 계속해서 목소리를 내고 있는데 누가 청년세대의 목소리를 경청하고 있는지 알 수 없다.

청년세대에게 관심을 가지는 방법이 무엇인지, 어떤 것인지 모르겠다고 하는 사람이 많다. 이에 장청은 부탁하고 싶다. 청년세대가 짧은 말을 하더라도, 길게 말을 하더라도 일단 경청부터 해줄 것을 부탁드린다. 또한 청년세대에게 "수고했다", "고맙다"라는 말 한마디라도 진심으로 해줄 것을 부탁드린다. 청년세대가 교회와 기성세대에게 바라는 것은 큰 것이 아니다. 작지만 진심과 진정이 담긴 말 한마디부터. 다과비, 식비를 계산해 주는 기성세대보다는 우리들의 말에 경청하여 공감해주고 진심이 담긴 따뜻한 말 한마디를 해주는 기성세대를 원하는 것이다.

청년공동체에서 회원과 리더도 동일하다. 회원의 삶과 고민을 진심으로 경청하고 공감해줄 때 공동체의 활성화가 이루어질 것이다. 우리 교회에서는 흔히들 "(상대를 위해) 기도할게요", "사랑합니다"라는 말을 많이 한다. 이런 고귀한 말도 이제 형식적인 말이 되었고 어떻게, 무엇을 기도를 해줄 것인지에 대한 의심을 들게 하며 사랑에 대한 언행불일치의 모습을 떠올리게 되는 것이다. 청년세대에게 필요한 것은 있는 그대로 받아들이고 인정해 주는 것과 진심에서 우러나오는 경청과 공감이다.

제5부

교회를 떠나는
청년세대와
청년이 없는 교회에게

01
한 걸음씩

- 김근주 교수(느헤미야 기독연구원)

교회에서 청년이 줄고 있다. 이를 설명하고 대응하려는 노력은 그 자체로 소중하다. 주어진 현실을 당연한 것으로 여기지 않고, 원인을 찾고 대응 방안을 찾는 과정 자체가 그러한 현실에 대한 적절한 대응이라 할 수 있다. 그 점에서 장청의 노력은 그 자체로 매우 소중하고 의미가 깊다.

장청이 수행한 조사에 따르면, 목회자에 대한 실망, 교회에서 만나는 사람들에 대한 실망, 교회 다닐 시간이 없어서 혹은 교회에 얽매이기 싫어서 등의 여러 원인이 청년들이 교회를 떠나는 이유로 제시되었다. 하나하나의 이유마다 생각해 볼 거리이다. 어떻게 그에 대해 대응할 수 있을지 고민하며 해결책을 모색해야 할 것이다.

교회를 떠나게 되는 가장 큰 이유에 대해 대응하는 것도 필요하겠지만, 얼마 안 되는 퍼센트를 차지한 이유에 대해 대응하는 것도 의미 있다. 이런저런 대응으로 얼마 안 되는 사람이라도 회복할 수 있으면 그 역시 충분히 의미 있는 변화일 것이기 때문이다. 그래서 본질적이고 중요한 방안을 모색하고 추구할 뿐 아니라, 다소 주변적이고 지엽적인 방안이라 할지라도 할 수 있는 만큼 시도해 보려는 노력이 필요할 것 같다.

그 가운데 하나로, 이제까지 교회가 반영했던 지극히 보수적이기 그지없는 정치색을 바꾸어가는 노력도 의미 있다고 생각한다. 교회는 언제나 정치적으로 보수였고, 대구 경북이나 부산 경남 같은 지역은 특히 그러했다. 새로운 세상을 추구하고 좀 더 나은 민주주의와 인권을 추구하는 이들에게 교회는 도리어 반동적이었다. 박근혜 시대의 종말이 우리네 교회의 보수 일변도 정치색의 종말을 알리는 첫걸음일 수 있기를 기대한다. 적어도 청년 모임 안에서 신앙에 입각해 정치와 현실을 다루어보려는 노력이 더욱 활성화될 수 있기를 기대한다.

청년들의 새로운 노력을 막막하게 만드는 까닭의 하나는, 청년이 중요하다고 말은 하지만 실제로 청년들을 제대로 지원하지도 않고 무엇인가 나름대로 진행할 수 있도록 힘도 실어 주지 않는 우리네 교회의 전통적 구조라고 할 수 있다. 예나 지금이나 청년부는 목회자와 장로로 이루어진 당회에 의해 지도 받아야 하는 집단이고, 훈계가 필요한 집단이었다. 이제 확연히 줄어들고 축소되는 청년부라는 현실, 그리고 전국적으로 급속도로 진행되는 교인의 노령화라는 현실은 이제까지의 청년부 사역을 근본적으로 재고하게 한다.

규제와 단속이 아니라, 청년부 스스로 모색하고 궁리하고 고민할 수 있도록 격려하고 지원하는 것이 필요하다. 정치적인 문제에 대해서 당회가 지도할 것이 아니라, 청년 스스로 대안을 모색하고 공부하고 들을 기회를 마련해 가도록 격려하는 것이 필요하다. 장차 다가올 사회적 변화 앞에 보수적 자세로 맞서고 거부할 것이 아니라, 청년들이 다양한 목소리를 듣고 판단할 수 있는 기회를 자주 마련하는 것이 꼭 필요할 것이다.

결국 어떤 획기적인 방안이 있다기보다, 변화되는 세상에 대해 이미 정해진 답을 되풀이할 것이 아니라 진지한 대응과 모색이 필요하다고 할 수 있다.

이 시대
기독 청년을 위한 제안[14]

정재영(실천신학대학원대학교, 종교사회학)

1. 들어가는 말

요즘 청년들이 교회를 떠나고 있다는 말이 곳곳에서 들린다. 교회에서 청년을 찾아보기 어렵다고들 한다. 교회 집회 때 청년들이 찬양을 인도하는 모습은 더 이상 흔한 모습이 아니다. 열린 예배를

---

14) 이 글은 '청년사역혁신포럼'에서 발표한 것을 수정한 것이다.

표방하는 찬양 집회들이 곳곳에서 열리며 젊은이들이 구름처럼 모여들었을 때에는 이런 날이 올 줄 전혀 예상하지 못했다. 보수적인 교회에서 통기타를 치는 것이 용납되지 않았던 것이 얼마 전이었는데 어느 샌가 전자 기타에 드럼 세트가 강대상 옆자리를 차지하게 되었을 정도로 찬양 집회는 강력해 보였다. 그리고 이런 풍경은 시골 교회에서도 흔한 모습이 되었다. 그러나 오늘날 교회에서 청년들이 더 이상 보이지 않는다.

그렇다고 해서 기독 청년 수가 줄어든 것은 아니다. 2015년에 조사한 인구센서스 결과에 의하면 20대 개신교인 인구는 전체의 17.6%였고, 30대는 18.6%로 10년 전에 비하면 미세하지만 증가하였다. 10% 안팎의 불교 청년과 7% 안팎의 가톨릭 청년 인구에 비하면 두 배 가까이 많다.

문제는 가나안 성도이다. 가나안 성도란 기독교인으로서의 정체성을 가지고 있으면서도 교회에 출석하지 않는 사람들을 가리키는 말이다.[15] 학원복음화협의회가 2017년에 조사한 '대학생 의식조사' 결과에 따르면, 대학생 중 가나안 성도는 28.3%에 이르렀다. 이것은 같은 해 한국기독교목회자협의회에서 조사한 '한국인의 종교생활과 의식조사' 결과에서 전체 개신교인 중 가나안 성도 비율이 23.3%인 것보다 더 높게 나온 것으로 특히 청년층에서 교회 이탈이 심하다

---

15) 정재영, 《교회 안 나가는 그리스도인》, (서울: IVP, 2015).

는 것을 보여준다.

또한 2016년에 필자가 맡고 있는 실천신학대학원대학교 21세기 교회연구소와 한국교회탐구센터가 공동으로 실시한 '평신도의 교회 선택과 만족도 조사'에서는 전 연령층 중에서 20대의 교회 및 목회자 만족도가 가장 낮았고, 이에 따라 현재 다니는 교회를 떠날 의향도 가장 높은 것으로 나타났다.[16] 이렇게 청년들이 교회를 떠나고 싶어 하는 이유는 무엇일까? 앞에서 말한 '대학생 의식조사'에서는 교회를 떠난 이유에 대하여 '신앙생활 회의'가 38.4%로 가장 높았고, 그다음으로 '교회의 비도덕성' 25.2%, '교회의 배타성' 23.6% 등의 순으로 나타났다. 한마디로 교회의 교회답지 못한 모습에 실망하여 교회를 떠난 것이다.

이러한 상황에서 이번에 '대한예수교장로회 청년회전국연합회'(아래에서 '장청'으로 줄여 씀)에서 청년이 없는 한국교회의 실상을 진단하고 나름대로의 대안을 제시한 것은 매우 의미가 크다고 생각된다. 스스로 파악한 교단 안의 청년 교세 데이터를 바탕으로 하여 자신들의 상황을 돌아보고 돌파구를 찾는 과정에서 많은 노력을 기울인 성과로 이 책이 출판되었기 때문이다.

이제 교회 차원에서도 청년들에 대하여 다시 생각해 보아야 한다. 대부분의 교회에서 기성세대들은 자신들의 관점에서 청년들을

---

16) 21세기교회연구소 한국교회탐구센터, 《평신도의 교회선택과 만족도 조사 세미나 자료집》, (2016년 11월 25일), p. 51.

예단하기 일쑤였다. 그러나 이전 세대가 경험한 사회와 오늘날의 사회의 모습은 매우 다르다. 신자유주의의 기조 아래 청년들의 경제 상황도 이전과는 비교가 안 될 정도로 매우 어렵다. 따라서 기성세대들은 자신들의 제한된 경험을 기준으로 오늘날의 청년들을 섣불리 판단해서는 안 될 것이다. 이 글에서는 '장청'의 분석과 대안에 덧붙여 오늘날의 청년들의 현실을 들여다보고 교회가 함께 노력해야 할 부분에 대하여 제안하고자 한다.

2. 청년들의 현실

잘 알려진 대로 우리 사회 청년들의 현실을 어둡게 하는 가장 큰 요인 가운데 하나는 경제 요인이다. 경제 문제가 청년 문제에서 유일한 것은 아니지만, 청년들의 활동에 가장 큰 걸림이 되는 문제로 대두되고 있다. 따라서 이 문제에 대한 대안이나 극복 없이는 청년 활동의 활성화를 논하기가 매우 어렵다. 또한 경제 문제는 단순히 경제 논리로만 접근할 것이 아니라 사회학의 주요 개념인 '사회 자본'이라는 측면에서 이해해야 보다 총체적으로 포착할 수 있다. 경제적인 어려움은 사회관계의 약화라는 또 다른 문제를 안고 있기 때문이다. 그리고 이것은 최근 시민사회에서 주목받고 있는 사회적 연대의 문제와도 연관되기 때문에 경제 문제는 청년 운동의 활성화를 위해 매우 중요한 주제라고 할 수 있다.

이러한 관심에서 청년들의 경제 현실을 살펴보도록 하자. 우리나라의 청년층 취업자 수는 1990년대 이후 지속적인 감소세를 기록하고 있다. 현재 우리나라의 청년 고용률은 OECD 국가 중 최하위권이고, 최고 수준인 네덜란드와 비교하면 3분의 1 수준이다. 실업률이 우리보다 높은 미국, 일본도 청년 고용률은 우리보다 훨씬 높다. 통계청은 2015년 4월 기준으로 15~29세 실업률이 10.2%라고 발표했는데, 이는 역대 최고치이다. 또한 전체 실업자 중에서 20대의 비중은 40%에 육박한다.

이와 함께 니트족도 100만 명을 넘어섰다. 니트(NEET)족이란 영어 'Not in Education, Employment or Training'의 약자로 일하지 않고 일할 의지가 없는 청년 무직자를 가리키는 말로 영국 정부가 1999년 처음 사용한 말이다. 니트족은 나라마다 조금씩 다른 특징을 갖는데, 우리나라에서는 스스로 구직을 포기하기보다는 일자리 부족으로 취업 경쟁에서 낙오된 사례가 더 많아 '고용 없는 성장'의 여파로 여겨진다. 따라서 공식 실업자에다가 구직단념자, 취업준비자, 그냥 쉬고 있는 사람들을 모두 포함하면 '사실상 백수'는 공식 실업자의 3배를 넘고 청년 실업률은 20%를 웃도는 수준이다.

이것은 단지 경기 침체의 영향만이 아니라 산업구조와 생산양식의 변화에 따라 청년 노동력 수요가 변하고 있음을 의미한다. 미래 시장 환경이 급변하고 상품 수명 주기도 단축됨에 따라 기업이 단기적인 시장 대응력을 높이기 위해서는 신규 청년 인력보다는 즉각적인 활용이 가능한 경력직 채용을 선호하고 소수 핵심 인력 양성에 집중할 것이므로 신규 청년 인력의 취업난은 향후에도 해소되기 어려울 것이다. 특히 최근에 논의되고 있는 정년연장형 임금피크제가 확산된다면 신규 채용은 현격하게 줄어들어 우리 사회에서 청년들의 취업난이 훨씬 더 가중될 것으로 전망된다.

이렇다 보니 청년 세대를 가리켜 오포 세대라고 말할 정도이다. 얼마 전까지만 해도 경제적 어려움 때문에 연애, 결혼, 출산을 포기해 삼포 세대라고 했는데, 이제는 인간관계와 내 집 마련까지 포기해 오포 세대라고 말하는 것이다. 한창 미래에 대한 꿈을 꾸며 인생을 설계할 나이에 모든 것을 포기한 불행한 세대가 되어버린 것이다. 심지어 최근에는 '헬조선'이라는 말도 쓰이고 있다. 지옥이라는 뜻을 가진 'hell'과 한반도 의미를 합성한 신조어다. 이러한 '헬조선'이라는 표현은 한국에 더 이상 희망이 없다는 극단적인 시각이 반영된 현상이다.

이러한 청년들의 경제 문제는 단순히 청년들의 빈곤문제로 끝나는 것이 아니라 각종 사회문제를 동반한다는 점에서 더 큰 우려를 낳고 있다. 실업으로 인한 자신감 결여와 사회에 대한 불만이 범죄나 자살로 이어질 우려가 있다.[17] 최근 10여 년 가까이 우리나라

---

17) 2017년에 학원복음화협의회에서 대학생 의식을 조사한 결과에 의하면, "자살에 대해 심각하게 생각해 본 적이 있다"는 진술에 대해서는 전체 중에 23.8%가 그렇다는 응답을 하였는데 2012년 16.3% 대비 7.5%p 상승한 것으로 상당히 심각한 수준으로 나타났다. 조사에 따라 다소 차이가 있지만, 통계청이 펴낸 사회조사보고서에 따르면 대개 7~10% 정

10~30대 사망원인 1위가 자살이라는 것은 잘 알려져 있다.[18] 또한 경제적 불안정과 취업 준비로 인해 혼인율과 출산율을 저하시키게 된다. 그렇지 않아도 세계 최저 수준인 출산율이 더 떨어질 우려가 있는 것이다. 뿐만 아니라 청년 실업 문제는 가족 구성원들에게도 고통과 긴장을 주며 강력한 스트레스의 원인이 될 수 있다.

그리고 이러한 경제적인 제약은 청년들의 사회 활동을 위축시키고 사회 자본의 쇠퇴를 가져온다. 사회 자본이란 협력 행위를 촉진해 사회 효율성을 향상시킬 수 있는 사회 조직의 속성을 가리키는 말로, 사회학자인 퍼트넘은 사회 자본은 생산성이 있기 때문에 특정 목표를 달성하는 것을 가능하도록 해 준다고 말한다.[19] 곧 구성원들이 서로 신뢰하고 다른 사람들에 대한 믿음을 보이는 집단은 그렇지 않은 집단보다 많은 것을 성취해낼 수 있다는 것이다.[20] 그런데 경제적인 압박은 사회적 참여를 약화시킨다. 퍼트넘은 경제적으로 곤궁하다고 느끼는 사람들과 저소득층은 잘사는 사람들에 비해 모

도가 자살충동이 있다고 응답하였고, '2010년 사회조사보고서'에서 20대의 7.5%가 자살충동이 있었다고 응답한 것과 비교하면 두 배 가량 높은 수치이다.
18) 2014년의 경우, 세월호 참사로 인해 10대 사망원인 1위가 예외적으로 운수사고였다.
19) 로버트 퍼트넘, 《사회적 자본과 민주주의》, (안청시 외 옮김, 서울: 박영사, 2000), p. 281.
20) 퍼트넘은 《나홀로 볼링》(Bowling Alone)에서 미국에서 볼링리그의 감소가 자발적 시민결사체를 통한 공동체의 참여가 급감하고 있는 현실을 상징적으로 보여주고 있다고 말한다. 볼링장에서 맥주와 피자를 먹으면서 사회적 교류를 하고 공동체의 문제에 관해 이야기하는 사람들은 줄어들고 자기만의 여가를 즐기려는 나홀로 볼링족만 북적대고 있다는 사실은 미국의 사회 자본의 감소를 상징적으로 보여주고 있다는 것이다. 이에 대하여는 Robert D. Putnam, *Bowling Alone: The Collapse and Revival of American Community*(New York: Simon & Schuster, 2000), 4장을 볼 것.

든 형태의 사회 생활과 공동체 생활에 훨씬 덜 참여한다고 말한다. 결국 사회 자본의 쇠퇴는 청년들의 문제 해결을 위한 노력까지도 위축시킴으로써 악순환을 일으키게 될 것이다.

따라서 이러한 문제에 보다 적극적으로 대처할 필요가 있다. 청년들은 자신들의 문제인 만큼 적극적으로 스스로의 대안을 모색해야 할 것이다. 1970년대 기독 청년 노동자 전태일은 이 사회가 노동자에 대한 법은 가지고 있지만 집행되지 않고 있으며, 이를 아무도 이상하게 여기지 않는다는 소박한 진실의 느낌으로부터 출발해 그러한 진리를 끝까지 고수함으로써 새로운 역사의 물꼬를 텄다. 그리고 이에 대하여 일군의 기독 청년들이 적극적으로 반응하여 노동 운동을 전개하였다.

지금은 그때와 같은 폭압적인 정권 치하도 아니며 노동자들의 권리를 극단적으로 무시하는 상황도 아니다. 그러나 한편으로는 그때와 같이 악 자체가 분명하지 않고 악이 설정되었다고 하더라도 그에 대항하기 위해 연대하기도 쉽지 않은 상황이라는 것이 문제 해결을 어렵게 하고 있다. 청년들은 자신들의 삶을 옥죄는 문제들에 대해 목소리를 내고 대안을 찾기 위해 나서야 한다.

3. 교회의 '노오력'

그렇다면 이러한 문제를 어떻게 극복할 수 있을까? 흔히 '구조적인 문제'라고 표현되는 현상들은 오랫동안 누적되어 온 일들의 결과로 견고하게 형성되어 한두 사람의 노력으로 쉽게 바꿀 수 없는 것들이다. 이런 현상을 바꾸기 위해 접근하는 방식은 원리상 두 가지로 요약된다. 하나는 거시적인 관점에서 근본으로부터 구조의 변화를 추구하는 것이고, 다른 하나는 미시적인 관점에서 개인적으로 노력하는 것이다.

흔히 구조적인 접근이라고 하면 좌파의 방법이라고 생각하며 꺼리는 경향이 있지만, 이러한 생각은 옳지 않다. 강에 있는 다리가 유실되어 사람들이 자꾸 넘어지거나 떨어져서 다치게 되었다고 생각해 보자. 이때 다친 사람들에게 약을 발라주고 붕대를 싸매주는 것이 개인적인 접근이라면 유실된 다리 자체를 수리하거나 바로 세우는 것이 구조적인 접근이다. 이러한 방식이 때로는 기존의 사회 질서를 변혁시키거나 제도 개혁을 하는 데까지 나아가기 때문에 어느 정도 체제 비판과 상관성이 있지만, 구조적인 접근 자체를 좌파라고 몰아붙이고, 좌파라고 하면 마치 사회주의 사상과 연관되는 듯이 매도하는 것은 온당하지 못하다.

그런데 구조적인 변혁은 앞에서 말했듯이 쉽게 이룰 수 있는 성질의 것이 아니다. 구조는 한번 바뀌면 또다시 바꾸기 어렵기 때문에 많은 사람들의 의견을 수렴해야 하고 그 과정도 공정해야 한다. 그리고 기존의 질서 속에서 이득을 보아온 사람들이 기득권을 포기하려고 하지 않기 때문에 갈등을 일으키기 쉽고, 게다가 여러 가지 정책적인 고려까지 감안한다면 그야말로 단시일에 해결할 수 있는 일이 아니다. 그래서 요즘에는 웬만한 노력으로는 안 된다는 뜻으로 '노오력'이라는 표현을 쓰기도 한다.

우리는 획기적인 변화와 개선을 원하지만, 그것이 쉽지 않기 때문에 이를 이루기 위해 개인적인 노력을 병행하는 것이 무엇보다 중요하다. 이러한 노력을 할 수 있는 방법 중의 하나는 다양한 시민 단체를 조직하거나 여기에 참여하는 것이다. 사회 변화는 한두 사람의 노력으로 이룰 수 없기 때문에 뜻을 같이 하는 사람들이 모여서 함께 고민하고 토론하며 힘을 모을 필요가 있다. 단순히 자신들의 이익을 추구하는 이익 단체가 아니라 시민 도덕심에 기초한 시민 단체를 통해서 우리 사회의 공동선을 추구하는 것이다.

시민 단체는 두 가지 특성을 가지고 있다. 하나는 권리 주창이고, 다른 하나는 자원성이다. 흔히 시민 단체라고 하면 머리에 띠를 두르고 거리에서 시위하는 것을 떠올린다. 이는 우리 사회에 권리 주창형 시민 단체가 많기 때문이다. 이러한 활동은 사회 약자의 권리와 사회 공공성을 알리기 위해 반드시 필요한 활동이다. 그러나 시민 단체의 또 다른 주요 특성이 있는데 그것은 자원성에 기초한 사회 활동이다. 곧 자원봉사 활동이다. 활동에 대한 보수를 바라지 않고 사회에 대한 기여를 하는 여러 가지 활동들을 포함한다.

이러한 자원봉사는 최근에 "경제 위기로 인한 복지 국가의 해체 그리고 시장 원리가 더 강화된 경제 패러다임에 대응하여, 자연과 인간의 공존을 지향하는 사회 패러다임을 중심으로 경제를 사회에 통합하고 문화와 창조성에 뿌리를 둔 인간의 목적의식을 인간에게 돌려주는 운동"으로 보다 폭넓게 이해되고 있다. 다시 말하면, 자원봉사 활동은 공리주의 가치에 의해 왜곡되고 모순된 인간관계를 해체하고 윤리적 가치로 재결합하는, 궁극의 가치와 도덕 가치의 재구성이라고 할 수 있다.[21] 이러한 관심은 기독교적 가치와도 일맥상통한다고 볼 수 있다.

교회에서도 이러한 청년들의 현실 문제들에 대해 관심을 가지고 지원해야 한다. 이제까지는 교회 안에서 사회 문제들에 대해 이야기하기를 꺼려했지만, 현실 문제는 각자 알아서 해결하고 교회 안에서는 신앙 이야기만 해야 한다는 식으로 접근하는 것은 바람직하지 않다. 우리는 우리 삶의 모든 영역에서 우리의 신앙을 실천하고 하나님의 영광을 드러내야 하기 때문이다.

그러나 오늘날 한국 기독교인들의 신앙과 삶은 철저하게 분리되어 자신의 신앙이 삶의 영역에서 기독교 정신에 따라 실천되어야 한다는 사실을 인식하지 못하고 있다. 사회생활을 하는 공간은 그 자체의 논리와 기제에 따라 작동하고 있으며, 여기에 기독교 신앙은 비집고 들어갈 여지가 없다. 기독교 신앙은 식사 전에 기도를 한다든지, 술과 담배를 금한다든지 하는 개인의 사사로운 경건 생활의 영

---

21) 김경동, 《급변하는 시대의 시민사회와 자원봉사: 철학과 과제》, (서울: 아르케, 2007).

역에서만 영향력을 발휘할 뿐이다. 그리하여 기독교 정치인은 조찬 기도회는 열심히 하지만 정치판은 정치 논리대로 돌아가는 것이라고 생각할 뿐 기독교 정신을 어떻게 실현해야 할지에 대해서는 생각하지 못한다. 기독교 경제인은 아침 경건의 시간은 갖지만, 자본의 논리에 짓눌려 여느 기업인과 마찬가지로 노동자를 착취하고 세금을 탈루하기도 한다.

그러나 하나님께서 우리에게 허락한 이 사회는 비록 죄악이 넘쳐난다고 해도 포기하고 방치되어야 할 곳이 아니라, 똑같이 하나님의 영광이 구현되어야 할 공간이다. 하나님은 교회뿐만 아니라 이 세상 만물의 주님이시기 때문이다. 따라서 교회 안에서의 삶에만 높은 가치를 부여할 것이 아니라 교회 안에서 요구되는 엄격한 윤리 기준을 모든 기독교인들의 사회생활에도 확대하여 적용해야만 한다. 교회에서는 세속 사회의 모든 활동에 대하여 기독교의 가치를 부여하고 기독교인들이 따라야 하는 윤리적인 지침을 마련해 줄 수 있어야 한다.

이런 점에서 우리는 단순히 기독교인이 아니라 기독시민이 되어야 한다. 시민은 자기 자신의 이익을 구하거나 자기 가족의 이익을 구하는 사람이 아니고 자신과 가족의 울타리를 넘어서 공공의 문제에 관심을 갖고 토론할 수 있는 사람이다. 이런 시민은 결코 약자나 사회 소수자를 무시하지 않고 그들을 배려할 수 있는 사람이다. 참다운 그리스도인은 참 이웃, 참 시민으로 살아가는 사람이다. 교회는 어려움 속에 고통 받고 있는 우리 사회 청년들의 문제에 대해 보다 깊은 관심을 갖고 그것을 해결하기 위해 적극적으로 노력해야 한다.

4. 청년 연대를 위한 대안 경제 운동

청년들의 경제 문제는 전 세계적인 경제 상황과도 연관되어 있고, 일시적인 경기 회복에 의해 완화될 성격의 것이 아닌 만큼 구조적이고 장기적인 관점의 대안이 필요하다. 그리고 취업난에 대해서도 조금 다른 관점에서 접근할 필요가 있다. 학벌 과잉으로 이른바 '스펙'은 더 화려해졌지만, 그들이 원하는 양질의 일자리는 턱없이 부족한 것이 지금의 현실이다.

이러한 상황에서 청교도 윤리에서와 같은 직업 소명 의식의 부재가 우리 사회 경제 문제에 미치는 영향이 매우 크다. 한편에서는 일자리가 없다고 아우성이지만, 많은 중소기업에서는 구인난에 어려움을 겪고 있는 실정이다. 일자리는 있는데 일할 사람이 없는 것이다. 근로 환경이 좋지 않은 이른바 3D 업종에서는 언제나 구직난이 아니라 구인난이 벌어지고 있다. 사람들이 일하기 쉽고 보수가 좋은 직종으로만 몰리는 까닭이다.

2012년에 학원복음화협의회에서 조사한 결과에 의하면, 취업이 힘든 이유에 대해 대학생들의 31.7%는 "일자리 부족"이라고 응답했지만, 4명 중 1명은 "대기업 선호 경향 때문"이라고 응답하였다. 대학생들 스스로도 취업에 대한 눈이 높기 때문에 취업이 어렵다는 점을 인정하는 것이다. 또 다른 설문 조사에 의하면 젊은 사람들이 직장을 구할 때 가장 중요한 조건은 '보수'인 것으로 나타났다. 사회에 대한 기여나 명예, 심지어는 적성보다도 월급이 많은 회사에 가고 싶다는 것이다. 우리 사회의 왜곡된 직업관을 단편으로 보여주는 사례이다. 작은 일이라도 사회에 기여할 수 있다면 의미 있게 여기고 충실히 일하는 직업의식이 절실하다.

물론 현실적으로 근무환경과 복지 등 많은 부분에서 중소기업과 대기업의 차이는 날로 커지고 있는 현실에서 무조건 눈높이만 낮추라고 요구하기는 어렵다. 그러나 대기업에서는 직원들 사이에 경쟁도 더 치열하고 승진이나 성과에 대한 부담도 더 클 뿐만 아니라 여기서 낙오되면 일찍 회사를 그만두게 되는 경우도 많기 때문에 대기업이 모든 점에서 유리하다고는 볼 수 없다. 그리고 경제 성장이 현실적으로 쉽지 않은 상황에서 비현실적인 성공의 꿈을 꾸기보다는 현재의 상황을 직시하며 현실을 바꿔나갈 수 있는 대안 경제 운동에 관심을 가질 필요가 있다.

최근에는 신자유주의로 인한 시장의 위기를 극복하기 위한 대안으로 '자본주의 4.0'과 관련된 논의들이 폭넓게 이루어지고 있다. '자본주의 4.0'에서는 정부가 간섭하지만 않으면 효율적인 시장이 모든 문제를 해결할 수 있다는 신고전학파 경제학의 이론적 가정은 정치 선전의 형태로 타락했다고 보고, 시장근본주의 이데올로기를 부추기는 것이 오히려 위기를 확대시키는 요인으로 작용하고 있다고 비판한다. 《자본주의 4.0》을 쓴 아나톨 칼레츠키는 경제를 이해하는 방식의 근본적인 변화가 필요하며, 정치와 경제, 정부와 시장의 관계를 새롭게 정의해서 자본주의 시스템의 구조적 전환을 이루어야 한다고 주장한다.

특히 우리 사회에서 자본주의는 자본 곧 돈이 중심이 되는 사회를 의미하고, 기업은 수단과 방법을 가리지 않고 이윤을 추구하는 것이 목적인 양 이해되고 있다. 이 점에서는 기독교 기업도 별반 차이가 없다. 근대 자본주의 사상의 주창자라고 할 수 있는 아담 스미스의 사상마저도 아전인수로 왜곡시킨다. 흔히 아담 스미스의 사상을 나타내는 저서로 《국부론》이 얘기되지만, 그의 사상은 《도덕 감정론》에 더 잘 드러나 있다. 현재 우리 사회의 자본주의 상황은 결코 바람직하지도 이상적이지도 않다. 근대 자본주의를 등장시킨 청교도 윤리와는 더더욱 거리가 멀다.[22]

우리는 이러한 자본주의 기업에 대하여 다른 시각으로 접근할 필요가 있다. 약육강식의 논리가 아니라 약자를 배려하고 소수자를 존중하는 태도로 기업을 할 수 있다는 것이다. 이러한 입장에서, 최근에 기존의 자본주의에 대한 하나의 대안으로 등장한 것이 '공동체 자본주의'이다. 공동체 자본주의는 자본주의 체제에 대한 성경

---

22) 막스 베버, 《프로테스탄티즘의 윤리와 자본주의 정신》, (서울: 세계, 1988).

적, 시대적 대안으로, 경제자유와 경제정의의 유기적 조화를 지향한다. '다 같이 더 잘사는 건강한 공동체'를 만들기 위해 사회적 약자의 천부인권과 정직(Integrity)을 기본으로 하는 경제정의하에서 개인들의 경제적 인센티브가 최대한 보장되고, 창의적 방법에 의한 자발적 나눔이 문화가 되는 자본주의가 공동체 자본주의인 것이다.[23]

이러한 공동체 자본주의는 곧 청교도 정신과도 일맥상통하는 것이다. 근대자본주의가 프로테스탄티즘에 의해 태동되었고, 처음 태동될 때부터 이미 공동체 정신을 그 핵심요소의 하나로 가지고 있었기 때문이다. 따라서 공동체 자본주의에 기초한 지역 공동체 운동에 교회가 참여하는 것은 매우 의미 있는 작업이다. 본래 청교도 윤리에서 유래한 근대 자본주의 정신을 되찾고, 왜곡된 자본주의로 인해 피폐화된 현대인들에게 공동체를 제공해 줄 수 있다는 것은 기독교만이 할 수 있는 일이기 때문이다.

또한 이러한 공동체 운동을 통해 사회적인 연대를 강화시킬 수 있을 것으로 기대된다. 퍼트넘은 신뢰와 사회적 네트워크가 번성하는 곳에서는 사람들을 잠재적 경제적 파트너와 연결시켜 주고, 고급 정

---

23) 이와 관련하여, 최근에는 신자유주의로 인한 시장의 위기를 극복하기 위한 대안으로 '자본주의 4.0'과 관련된 논의들이 폭넓게 이루어지고 있다. 자본주의 4.0에서는 정부가 간섭하지만 않으면 효율적인 시장이 모든 문제를 해결할 수 있다는 신고전학파 경제학의 이론적 가정은 정치선전의 형태로 타락했다고 보고, 시장근본주의 이데올로기를 부추기는 것이 오히려 위기를 확대시키는 요인으로 작용하고 있다고 비판한다. 아나톨 칼레츠키, 《자본주의 4.0: 신자유주의를 대체할 새로운 경제 패러다임》, 위선주 옮김, (서울: 컬처앤스토리, 2011).

보들을 제공함으로써 경제적으로 앞서 나갈 수 있다고 말한다.[24] 따라서 공동체 자본주의는 경제 문제를 극복하면서 사회자본을 축적함으로써 우리 사회에 선순환 구조를 만들어 줄 것으로 기대된다.

사회학자인 로버트 우스노우는 특히 오늘과 같이 종교가 완전히 사사화되어서 사람들이 더 이상 누구를 신뢰할 수 있는지 확신하지 못할 때, 사회 교섭을 통해 돌파구를 마련할 수 있다고 주장한다.[25] 곧 공동체주의 운동의 지지자들과 자원 결사체의 지도자들이 했던 것처럼 사회 교섭을 더 많이 증진시키는 것이 매우 중요하다.

우스노우에 따르면, 사람들이 이 공동체 환경에서 서로 교섭할 때 대인 신뢰를 발전시킬 수 있다는 것이다. 이러한 신뢰감은 사람들에게 그들의 관점에서 절대로 혼자가 아니라는 확신을 심어주며, 시민적 연대에 참여할 수 있게 되는 것이다. 그런 공동체의 일원인 기독교인들은 다른 기독교인들이 신뢰받을 수 있다고 확신 있게 대답할 수 있는 것이며 공동체 운동은 이런 식으로 기독교인들이 시민으로서 종사하게 되도록 북돋워준다는 것이 우스노우의 분석이다.

이러한 활동은 사회 자본을 형성하여 사회 안전망 역할을 하게 될 것이다. 퍼트넘은 사회 자본이 높은 지역에서는 공공장소도 더

---

24) 로버트 퍼트넘, 윗글, 19장.
25) obert Wuthnow, *Christianity and Civil Society: The Contemporary Debate*, Pennsylvania: Trinity Press International, 1996, p.46. 로버트 우스노우, 《기독교와 시민사회: 현대 시민사회에서 기독교인의 역할》, 정재영, 이승훈 옮김, CLC, 2014).

깨끗하고 사람들도 더 친근하며 길거리는 더 안전하다고 말한다.[26]
우리 사회에서도 송파 세 모녀 사건에서도 보았듯이, 어려운 경제 현실은 사회 구성원으로 하여금 극단적인 선택을 하도록 몰아넣기도 하는데 여기서 특히 문제가 되는 것이 사회적 고립이다. 이 사건 당시 긴급 복지 자금을 사용할 수 있는지 논란이 되기도 했는데, 정작 당사자들은 정보로부터 단절되어 이러한 제도가 있는지조차 몰랐다고 한다. 따라서 사회 교섭을 증진시켜서 관계들이 두터워지게 되면 사회 구성원들을 고립시키지 않고 사람들의 관계망 속으로 들어오게 할 수 있기 때문에 위험으로부터 보호할 수 있게 된다.

이러한 사실을 잘 보여주는 하나의 사례가 있다. 부천에 있는 새롬교회는 작은 교회지만 지역 공동체 활동을 매우 활발하게 전개하는 교회로 알려져 있다. 이 교회에 재작년 송구영신 예배 때 한 청년이 나왔는데 그 청년은 교회가 운영하는 지역아동센터 출신으로 지방대에 입학하였다. 이 청년이 오랜만에 교회에 다시 나온 것은 대학을 나온 이후에 번번히 취업에 실패하면서 절망감에 빠져 있다가 어렸을 때 자신을 돌봐준 교회가 생각나서 찾아오게 된 것이었다. 그리고 목사님께 자신의 처지를 하소연했다.

이 이야기를 들은 이 목사님은 청년에게 자꾸 실패하는데 일반 기업에 취업하려고만 하지 말고 여기 이 마을에 할 일이 많은데 마

---

26) 로버트 퍼트넘, 윗글, 18장.

을에서 할 일을 찾아보라고 하였다. 마침 청년이 신방과를 졸업했다는 이야기를 듣고 목사님은 동네 방송국에서 전공을 살려 일해보라고 하면서 최소한의 생활비는 마련해 보겠다고 하였다. 그러고 나서 이 청년은 동네 방송국에서 열심히 일을 하며 마을 활동가로 성장하고 있다.

이 청년이 활동을 하면서 마을 활동에 동참하는 청년들도 늘었다. 목사님이나 어른들 말에는 반응을 하지 않던 동네 청년들이 친구가 이야기하니까 선뜻 동참하게 된 것이다. 이제 이 마을에서 청년 활동가들이 움직이기 시작했다. 이 교회 이원돈 목사님은 새롬교회의 장점은 '화폐 자본'은 없지만 '사회 자본'이 풍부하다는 것이라고 말한다. 그리고 청년들에게도 이 사회 자본을 갖추게 해주면 자신들의 힘으로 앞길을 헤쳐나가게 될 것이라고 말한다.

5. 나가는 말

기독교 전문 리서치 기관인 바나 그룹의 대표인 데이비드 키네먼은 《청년들을 잃어버린 교회(You Lost Me)》에서 왜 미국의 청년들이 교회를 떠나고 있는지에 대해 바나 그룹을 통해 조사 연구하였다. 키네먼은 이 책에서 십대에 교회에 간 미국 젊은이들의 60퍼센트 가까이가 고등학교 졸업 후에 교회를 떠나고 있다고 말하고 있다. 그 이유는 신앙에 대한 의문을 가지고 있는데 교회에서 무시당하고, 예술이나 과학에 관심을 가지고 있는데 이러한 것들은 기독교인들의 소명이 될 수 없다며 사기를 꺾었기 때문이라고 말한다. 그래서 이 젊은이들은 자신의 부모나 다른 나이 든 어른들로부터 고립감을 느끼게 되는 것이다. 결국 미국의 기독 청년들은 교회가 자신들의 관심과 필요를 이해하지 못하고 실제적인 지침을 주지 못한다고 생각하게 된다.

그럼에도 키네먼은 교회를 떠난 많은 미국 청년들이 여전히 신앙을 추구하고 있다고 말하면서 젊은이들이 스스로 질문하고 자신의 생각과 의심까지도 표현할 수 있도록 해야 한다고 조언한다. 그리고 기성세대가 이제는 대량 생산 하듯이 청년 신앙인들을 양산하려고 하기를 그만두고, 이들에 대해 일대일의 관계를 갖고 세심한 관심을 기울여야 한다고 말한다. 결국 기성세대가 이들의 멘토가 되어야 하는 것이다.

이것은 우리 사회에서 가나안 성도에 대해 연구한 필자도 똑같이 하고 싶은 말이다. 청년들을 '교회 일꾼'이라고 말하며 부속품처럼 가져다 쓰고 소모하기 이전에 이들의 현실 문제에 공감하고 같이 아파하며 대안을 만들기 위해 노력해야 한다.

여기에 굳이 복음주의니 에큐메니칼이니 하는 구분은 필요 없다. 이것은 신학 노선에 따른 구분일 뿐 우리 사회에 청년들의 현실은 신학 노선에 따라 다른 것이 아니기 때문이다. 또한 보수와 진보의 구분도 큰 의미가 없다. 흔히 보수라고 하면 사회 문제에 관심이 없다고 생각한다. 그러나 신앙에 대하여 진정한 보수주의자라면 쉽사리 현실과 타협하려 하기보다는 순수한 신앙을 지키기 위해 신앙을 변질시키거나 왜곡하는 대신 세상을 변혁시키려고 할 것이다. 성경의 가르침을 철저하게 따르기 위해서는 성경의 가르침에 맞지 않는 우리 사회의 가치와 규범을 고쳐야 하기 때문이다. 그러나 우리 주변에서는 보수 신앙을 외치면서도 시류에 쉽게 편승하거나 진보 신앙을 주장하면서도 불의한 사회 질서와 삶의 조건에 대해서는 무관심한 사람들이 많다. 이는 진정한 보수도 진정한 진보도 아니다.

한 가지 유의할 것은 기성세대가 마치 모든 답을 알고 있는 듯이 청년들에게 지시를 하거나 강요해서는 안 된다는 점이다. 현실 문제가 언뜻 기성세대가 젊은 시절은 겪은 것과 비슷해 보일지 몰라도 깊이 들여다보면 그렇게 간단치 않다. 또한 오늘 젊은이들의 정서나 처지는 20, 30년 전의 그것과 같지 않기 때문이다. 자신의 생각으로 윽박지르려고 하기보다 이들이 자기 나름의 방식으로 자신들이 공감할 수 있는 방법으로 해결해 나갈 수 있도록 돕는 것이 기성세대가 할 수 있는 최선의 일일 것이다.

학원복음화협의회의 조사 결과에서 젊은 층 활성화 방안에 대해 '젊은층에 맞는 문화적 선교 전략 마련'이 26.9%로 가장 높았고, 그 다음 '젊은층과의 소통의 장 마련'(21.4%), '권위주의 타파'(21.1%)의 순으로 나타났다. 젊은이들의 생각은 권위적이지 않은 방식으로 젊은이들과 소통하면서 이들에게 맞는 사역을 마련하는 것이 중요하다는 것이다. 그런 점에서 이번에 '장청'이 제안한 사항들에 대하여 기성세대들이 세심한 관심을 가져야 할 것이다.

또한 이 글에서 살펴본 바와 같이 청년들의 경제 문제에 교회와 기성세대가 함께 노력해야 한다. 최근 우리 사회에서 사회적 경제나 공동체 자본주의 차원에서 청년들을 중심으로 하여 대안 경제에 대한 관심이 고조되고 있는 것은 반가운 일이다. 최근에는 협동조합에 관심을 가지고 참여하고 있는 교회들도 있다. 사회적 기업이나 마을 기업을 협동조합 형태로 조직하여 지역 활성화와 살기 좋은 마을 만들기에 기여하는 것이다.

이러한 다양한 대안 경제 운동을 통해 현재 자본주의 문제와 위기를 극복하고 기독교 정신에 입각하여 하나님의 형상을 회복하는 삶을 사는 데 일조할 수 있으리라 기대한다.

특히 기독 청년들이라면 세상의 가치가 아니라 하나님 나라의 가치를 따라 자신의 인생을 계획해야 할 것이다. 이 땅의 기독 청년들이 성경의 가르침을 따라 자신의 문제를 극복할 뿐만 아니라 우리 사회를 새롭게 변화시키는 데 한 알의 밀알처럼 쓰임 받기를 간절히 소망한다.

03

신학생들에게 물었습니다.
"청년들이 왜 교회를 떠날까요?"

* 신학교 학부생 및 신학대학원생과 신학교 일반대학원생을 대상으로 하였습니다.

"왜 청년들이 교회 공동체를 이탈할까?"라는 질문, 요즘 교회에 관심 많은 사람이라면 한 번쯤 들어봤을 것입니다. 저도 청년부 생활을 할 때 청년부를 떠나는 친구들에게 떠나는 이유를 물어보던 것이 생각납니다. 함께 자라온 공동체를 떠나는 친구의 마음이 이해가 되면서도 한편으로는 많이 섭섭했지요.

청년들의 교회 이탈 현상을 두고 책도 많이 나왔습니다. 보기 좋게 정리된 설문조사 결과도 쉽게 구할 수 있습니다. 저는 개인적으로 한국갤럽조사연구소에서 2015년에 발행한 "한국인의 종교"가 인상적이었습니다. 1984년부터 2014년까지 한국인의 종교생활을 조사하여 정리한 방대하고 신뢰도 높은 자료입니다. 청년 문제나 탈종교 현상을 다루는 전문가들의 특강이나 논문도 많습니다. 읽을 때마다 그분들의 분석에 공감하면서 한국교회의 미래에 대한 근심으로 기도하게 됩니다.

그러나 이 자리에서는, 데이터화된 설문조사 결과나 전문가의 분석이 아닌 개개인의 목소리를 들어보려 합니다. 이런 우스갯소리가 있지요. "서울대에서 '나 고등학교 때 전교 1등 해봤다'고 자랑하면 바보가 된다." 서울대에 입학하는 고등학생들 중 다수가 전교 1등의 경험이 있는 우등생들이기 때문입니다. 신학교에서는 "나 교회 청년부에서 XX 해봤다!"라고 자랑하는 것이 우스운 일입니다. 신학교에 입학하는 청년들은 대부분 교회에서 회장, 찬양인도자, 소그룹 리더 등으로 열심히 섬기던 이들이니까요.

교회에 대한 애정과 걱정을 가장 많이 가지고 있는 사람들이 모인 곳이 신학교가 아닐까 합니다. 게다가 신학교에는 전국 각지의 여러 교회들을 경험한 이들이 한 자리에 모여 있습니다. 그만큼 교회에 대한 다양한 경험을 공유할 수 있지요. 그래서 신학생들의 개인적인 생각을 물어보았고, 감사하게도 여러 신학생들이 실명 또는 익명으로 자신의 생각을 밝혀 주었습니다.

읽는 이들의 쉬운 이해를 위해 단어를 좀 더 쉬운 동의어로 변경하거나 문장의 구조나 문법을 약간 편집하였으나 내용은 있는 그대로 옮겼습니다. 저마다 서로 다른 경험과 의견을 가지고 있기에 서로의 생각이 상충하는 부분도 있습니다. 그러나 서로 다른 환경에서 서로 다른 경험을 하였기에 그 결과물을 하나만 선택하여 남기는 것은 옳지 않다고 판단하였습니다.

이제, "왜 청년들이 교회 공동체를 떠날까요?"라고 저와 함께 질문하시면서, 이들의 생각을 들어봅시다.

1. 청년이탈현상에 대한 신학생들의 생각

1) 강소영

내 친구 중 가족들이 다함께 교회를 다니는데 혼자 교회 나오기를 멈춘 친구가 있다. 그 친구의 이야기를 들어보면 "하나님이 계신 것, 하나님이 다스리시는 것을 믿는다"라고 하는데 "정작 교회에 가면 하나님을 느끼지도 찾지도 못하겠다"라고 말했다. 그리고 교회에서 암묵적으로 강요하는 십일조, 봉사 등등이 부담스럽고 술 마시는 사람들에 대해 정죄하는 것 등 여러 가지로 교회라는 공동체 자체가 불편했다고 한다.

그 친구를 보며 느낀 것은, 교회가 청년들에게 하나님에 대해 이야기하고 복음을 제시하기보다는 "이것을 해라, 저것은 하면 안 된다"라는 말을 더 많이 한다는 것이다. 가령 예배에 매주 나오라는 말, 헌금하라는 말, 술 마시지 말라는 말 등등…. 이런 부분들은 구태여 먼저 말하지 않아도 하나님을 알게 되고 복음을 깨달으면 저절로 되는 부분이다. 예수님이 좋으니까 예배하고 싶게 되고, 예수님이 좋으니까 나의 것을 드리고 싶고, 술 대신 하나님으로 인해 기뻐하니까 술을 안 마셔도 되는 것이다. 교회는 청년들에게 변화 자체보다 변화된 모습을 강요하는 것 같다.

2) 강영수

"스펙이 먼저다." 요즘 청년들의 말이다. 사실 나는 청년들의 말을 이해할 수가 없었다. 하나님을 믿는다면 다 하나님께서 알아서 해주시지 않을까? 하지만 이런 생각은 보기 좋게 틀렸다. 스펙을 쌓는다는 것은 좀처럼 쉬운 일이 아니기 때문이다. 예수님 믿는 사람도 똑같이 고생해야 하고 머리를 쥐어뜯으며 고민해야 한다. 믿는다는 것이 곧 고생을 하지 않는 면죄부가 되지 않는다는 것이다.

하나님의 역사를 우리는 알 수 없다. 그렇기에 '하나님 뜻대로'라는 말로 기성세대는 취업과 진학이라는 고난의 시기를 걷고 있는 청년들에게 영적 지도를 하신다. 하지만 지금은 보여주는 세대이다. 이미 하나님께 복을 받은 기성교회에서는 무한 경쟁 체제에서 허우적거리는 청년들을 실질적으로 돕는 방안을 만들어야 한다. 그렇지 않으면 당장에 금 같은 20~30대의 젊을 시절을 보내는 그들에게 복음이 우선순위가 될 수는 없을 것이다.

혹자는 말한다. 그렇게 되면 하나님을 믿는 것이 아니라 흔히 말하는 '라이스 크리스천'을 양산하게 될 것이라고……. 그래서 부모님께 여쭤보았다. 어떻게 하나님을 믿게 되었는지. 어머님은 밥을 주어서 다니시게 되었고 아버님은 어머님을 따라서 믿게 되었다고 한다. 누가 처음부터 '주여 삼창' 하며 펑펑 울면서 믿는다는 말인가?(그런 친구라면 지금 당장이라도 큰일날 수도 있기 때문에 잘 케어해 주어야 한다.)

저마다 흥미와 근심이 있어서 '혹시나' 하는 마음으로 온다. 1950~1960년대 기독교에서 불신자들에게 다가가는 방법이 문화와 밥이었다면 21세기인 지금은 실질적인 도움이다. 그 실질적인 도움을 어떻게 주느냐가 청년들뿐만 아니라 초, 중, 고 주일학교를 부흥시키는 데 하나의 방안이 될 것이다. 이런 이야기를 하면 꼭 이 말씀이 나온다. "배가 부르면 정녕 나를 잊으리라." 하지만 예수님은 무조건 복음을 전하지 않으시고 문둥병자와 괴혈병에 걸린 여인을 고치셨고 세리와 먼저 거하셨다.

우리는 청년들이 어떤 고민을 하는지 알아야 한다. 그리고 그들을 도와주어야 한다. 한 지역에서는 청년들에게 매달 50만 원씩 주며 청년들의 취업을 위하여 사력을 다하고 있다. 교회가 그 정도는 못하더라도 특강도 열어주고 영어 스터디도 해 줄 수 있는 카페라도 열어준다면 그들은 자연히 교회로 모일 것이다. 그렇게 된다면 밥이 먹고 싶어서 간 어머니가 30년을 빠짐없이 새벽기도를 하시고 어머님을 따라서 '대충' 믿었던 아버지가 지금은 기도원을 제 집 드나들

듯이 다니는 것처럼 가랑비에 옷이 젖듯 믿음을 신장시켜 줄 수 있는 초석이 될 것이라 확신한다.

3) 공지윤

교회에서 20대 청년들은 '일꾼'인 경우가 많다. 성가대, 교사 등등 청년들의 헌신을 교회가 '요구'한다. 20대 시기는 아직 정해진 것이 없는 불안한 시기이다. 성인이 되었으나, 아직 오롯이 자신의 삶을 책임지지 못하는 시기이다. 자신의 삶을 책임지기 위해 학업과 취업 준비, 공시 준비, 알바 등으로 몹시 바쁜 시기이다. 이런 청년들에게 세상은 SNS와 강의 등을 통해 청년들에게 정말 필요한 것들을 객관적인 데이터에 근거해서 컨설팅을 해주는 시도들이 생기고 있다.

반면 교회는 이러한 흐름에 대해 무관심한 경우가 많은 것 같다(모든 교회가 그렇다는 것이 아니라, 대다수의 교회들이 그런 것 같다). 물론 교회는 컨설팅 업체도 아니고, 상담소도 아니다. 교회는 세상이 청년에게 해줄 수 있는 컨설팅 이상의 것을 줄 수 있는 곳이어야 한다. 어떤 청년이 보수적인 교회를 갔을 때는 그들이 사회적 문제에 너무 무관심해서 실망하고 나왔고, 진보적 교회에 갔더니 그들의 가르침이 일반 시민 단체의 메시지에 지나지 않아 실망한 채 나왔다고 한다.

교회는 청년세대가 갖고 있는 사회적이고 실제적인 필요에 대해서 눈 감고 귀 막으며, 믿음 없음으로 치부하지 말고, 그들의 아픔을 이해하고 받아들여야 한다. 뿐만 아니라 더 나아가 그들에게 영적인 필요를 채워주고, 그들이 진정한 신앙인으로서 세워질 수 있도록 해야 한다. 그런데 아쉽게도 지금 대다수의 한국교회는 청년들의 문제를 해결해주고자 하는 의지도, 나아가 그들의 신앙인으로서의 삶을 이끌어주고자 하는 열정도 없는 것 같다.

일례로 대학생 때 '비전' 붐이 일었다. 주된 메시지는 "네가 가진 것은 다 필요 없고 하나님께서 주시는 새로운 것을 받아야 한다"는 식이었다. 그래서 다들 자신의 것을 버리려고 노력하고 잘 알 수 없는 하나님의 것을 받으려고 노력했다. 그러나 내가 다니고 있었던 교회는 답을 주지 못했다. 답은 오히려 내가 개인적으로 읽은 책을 통해 얻었고 시간이 지나서 자연스럽게 깨닫게 된 것이었다. 교회는 나에게 잘못 가고 있다는 느낌을 더 많이 주었다. 길고 긴 고민의 시간들이 있었다. 많은 청년들이 이러한 내버려 둠을 경험한다.

또 나는 신학대학원 3년을 다니면서 목회는 넓고 깊어야 한다는 것을 배웠다. 그런데 나부터도 그렇지만 사회에 대한 이해, 다른 학문에 대한 이해가 부족함을 느낀다. 요즘 청년세대는 이런 것들에 더 민감한 세대이다. 고학력 세대이고, "덮어놓고 믿으라"를 싫어하는 세대이다. 설교자에게 많은 소양이 요구되는 시대이다. 특히 청년부 사역자들은 많은 공부가 필요하다. 그런데 청년부만을 전담할 수 있는 목회자들이 많지 않다. 이것은 청년부 목회를 마치 장년사역으로 가기 위한 발판으로 생각하는 경향과도 연결된다. 청년부 사역자의 전문성이 부족하다는 것이다.

그뿐만 아니라 청년들이 교회의 지도자들과 장년 세대에게 실망하여 교회를 떠나는 경우도 많다. 장년과 청년들이 서로 다른 생각을 가지고 있는 경우가 많다. 일례로 장년들이 동성애에 대해서는 뭇매를 때리면서도 명성교회 세습에 대해서는 침묵한다. 나도 개인적으로 동성애에 대해서는 보수적인 입장을 가지고 있지만 명성교회의 세습은 그보다 더 큰 구조적 악인데도 기성세대는 여기에 대해 비판하는 강도가 약하다. 청년들이 보기에 그들은 그저 자신들의 기득권을 지키려는 듯 보일 뿐이다. 서로 터놓고 소통하지 않기 때문에 청년들은 더 반발하고 간극은 더 커지고 세대 간의 긴장은 심화되기만 한다.

그리고 이 시대에는 과학적인 지식과 이성이 지배하는 시대이다. 4차 산업혁명의 시대에는 인간의 본질에 대한 철학적이고 신학적 질문이 중요해지는 시대인데 교회는 거기에 대해 별 이야기를 하지 않는다. 그저 악으로 규정하고 생각할 필요가 없다고 해버리는 경우도 있다. 교회는 이 현상에 대해서 공부하고 연구하며, 성경적이고 신학적인 답변을 준비해야 한다. 10년만 더 지나서 이런 것들이 피부로 와 닿게 되었을 때, 교회가 답을 가지고 있지 않다면 탈종교적인 현상은 더 심해질 것이다.

관련 분야의 전문가들을 양성해야 함에도 불구하고 전문목사제도는 현실과 먼 이야기이다. 교회에서 해야 하는 고민을 출판사인 '새물결플러스'에서만 하고 있다.

4) 권경선

교회에서 청년들이 설 공간이 없어지면 청년들은 교회를 떠나게 됩니다. 그것은 교회의 의사 결정 구조일 수도 있고요, 아니면 교회에서 선포되는 메시지가 청년들의 삶과 동떨어져 있기 때문일 수도 있습니다. '내가 이 공동체에서 중요한 사람이구나'라는 생각이 든다면 삶이 팍팍하고 고되어도, 교회를 떠나기까지 하지는 않을 것 같습니다. 청년들이 교회에서 중요한 사람으로 여겨질 수 있도록 공동체가 함께 노력하면 좋겠습니다.

5) 김강희

청년들이 교회를 떠나는 이유는 간단하다. 교회가 청년들에게 더 이상 도움이 되지 않는다. 교회가 청년들에게 주는 것은 없고 청년들이 가진 것을 오히려 거의 대가 없이 이용하기 때문이다.

교회가 청년들에게 대체 불가능하게 주고 있는 것이 무엇일까? 교회는 청년들에게 어떤 경험을 제공하고 있는가? 신앙적인 경험? 익명성이 보장된 대형교회, 인터넷, 심지어는 교회는 가지 않는 가나안 교인으로도 구원받은 교인의 신앙생활을 유지할 수 있다. 이미 교회는 사유화된 유형의 신앙을 가르쳐 왔기 때문에 그들의 신앙생활을 비판하기 어렵다. 고작 할 수 있는 얘기는 "주일 성수는 해야지", "십일조는 해야지", "봉사를 해야 믿음이 자란다" 정도이다. 하지만 이미 이러한 얘기들은 신앙의 본질과도 거리가 멀고 대형교회의 익명성을 뚫고 청년들에게 닿을 수 있는 소리가 아니다.

교회 공동체도 이미 일반 공동체에 대체되고 있는 상황이다. 오히려 교회 공동체가 낡은 전통과 권위, 방식, 체계에 얽매여서 제공해 주지 못하는 것들을 세상의 일반 공동체는 더욱 진취적이고 풍성하게 주고 있다. 청년이 없다고? 해외 인턴 설명회, 교환 학생 설명회, 토크 콘서트나 일반 교양 강연을 가 보라. 교회에 없는 청년들은 거기 다 있다.

6) 김동호

청년들이 교회를 떠나는 이유는 교회에 사랑이 식었기 때문이다. 청년들끼리 마음의 문을 열지 않는다.

7) 김덕기

한국만의 신앙의 전통을 진리처럼, 그리고 그것을 신앙의 척도로 기준을 잡고, 그것에서 벗어났을 때 정죄하거나 자책하게 만들어버리는 기독교 문화가 글로벌 시대에 살아가는 청년들에게 더 이상 공감대를 형성해 주지 못하기 때문이라고 생각한다.

이에 더해 부패한 몇몇 교회들과 이를 판단해야 하는 교회 자체적인 송사기능이 제대로 이루어지기 어려운 현실과, 이런 문제들이 세상 법정에서의 송사로 이어짐으로써 다양한 매체들을 통해 이러한 사실을 알게 되는 청년들에게 교회가 적지 않은 실망감을 줬기 때문이라고 생각한다.

8) 김명박

교회의 청년들은 흔히 새로 유입된 인원보다는 성도들(직분자들)의 자녀들이 다수일 것이다. 이들이 교회를 떠난다는 것은 이들이 소년과 청소년기를 거치면서 어떤 신앙교육을 받았는가에 대한 결과가 아닐까 생각한다.

나라 전체가 입시경쟁의 상황에 있으니 교회에 출석하는 학생들도 입시에 힘을 쏟는 게 잘못이라 생각하지는 않는다. 문제는 신앙교육보다 '입시 준비(혹은 입시를 통한 성공과 출세)'를 더 중요시 여기는 부모들의 태도다.

10여 년 동안 교회의 차세대 부서에서 교사 혹은 스태프 역할을 하면서, 그리고 지금은 전도사로 사역을 하면서, 학생들이 주일예배를 빠진 이유 중 가장 많이 들은 내용이 "일요일 아침에 학원수업 가요, 시험기간이어서 시험 준비해요"였다. 문제는 이 학생들 중의 상당수가 교회 직분자들의 자녀들이었다는 것이고, 이는 본인이 출석한 교회뿐만 아니라 본인 주변의 지인들을 포함한 다른 사역자들의 교회에서도 공통되게 관찰되었다.

"일단 학원 가고, 나중에 시간될 때 교회에 와서 예배 참석해. 이따 학원 가야 하니까 엄마랑 1부 예배드리고, 네 부서 예배는 나중에 가자. 시험 기간이니까, 이번 일요일은 학원이랑 집에서 시험 준비하고 교회는 시험 끝나고 가."

교회가, 예배가, 시험보다 혹은 자기 인생보다 항상 뒷전인 것으로 교육을 받으며 자랐다. 이들이 대학생이 되었고, 취준생이 되고, 직장인이 되었다. 그러한 이들이 학업, 취업, 생계 때문에 교회를 떠난다는 것은 어찌 보면 당연한 결과가 아닐까?

안타깝게도 더욱 마음을 무겁게 하는 현상이 관찰된다. 교회를 떠나가는 청년세대들 중에 일찍 부모가 된 사람들도 있다. 그들보다 대략 다섯 살 정도만 나이를 더하면 그 인원수는 지금 한국교회 젊은 부부 가정의 상당수가 포함될 것이라고 예상된다. 이들은 '여가생활' 때문에 주일 예배를 종종 빠진다. 계절마다, 연휴 때마다, 산으로 바다로 해외로 떠나간다. 한 주, 두 주 빠지는 것은 그냥 그럴 수 있다는 인식이 만연하고 있다. "저는 다음 주에 가족들이랑 스키장 가서 교회에 못 나와요." 지난해 12월부터 학생들한테 심심치 않게 듣고 있는 말이다.

9) 김사랑

청년의 때에는 사회의 일원으로 들어가기에 조금의 쉼조차 허락되지 않는 마음의 분주함이 있다고 본다. 이미 자리를 잡은 사람들처럼 쉬고 누리면 계속 뒤쳐지겠다는 쫓기는 마음, 금수저로 태어나지 않은 이상 스스로 열심히 살아내야 하는 청년들의 실제적 삶의 무게는 가볍지 않다.

그럼에도 불구하고 교회에 출석하는 청년들의 현실적인 고민을 듣고 그들의 마음을 위로하는 것이 부족하다고 생각한다. 당연하듯 청년들에게 주어지는 '교회 봉사'의 부담. 이런 것들이 교회를 향한 청년들의 발걸음을 더 무겁게 하는 게 아닌가 싶다.

10) 김성욱

(1) 포커싱(focusing)

교회와 신앙을 귀찮아하는 청년들에게 필요한 첫 번째 키워드는 '포커싱(focusing)'이라고 생각합니다. 목회자들이 청년들이 어떤 목적을 향하고 있는지 관찰하고 한 사람 한 사람이 그 목적을 향해 열심히 나아가게 해 주는 것입니다. 다른 누군가를 도와주고 있다는 마음이 들 때 '나도 하나님 앞에 바로 선 사람이다'라고 생각한다면 그것이 반드시 예배일 필요는 없습니다. 어떤 청년들은 다른 누군가의 삶을 돕는 것이 예배라고 생각할 수 있습니다.

그래서 청년들은 '자신의 의지'에서 나오는 무엇인가를 하고 싶어 합니다. 기성세대는 청년들이 교회를 떠나는 이유를 자신들에게서 찾아야 합니다. 청년들의 의지를 물어보지 않고 공감과 소통 없이 일만 강조하거나, 이것이 교회에 좋더라는 자기 세대의 경험을 토대로 같은 행동을 할 것을 강요하면 청년들은 떠날 것입니다.

지금의 청년들은 자신이 조직의 수동적 일부가 되는 것을 거부하는 세대입니다. 그들에게 조직은 능동적인 활동의 장이어야 합니다.

청년들은 자신이 능동적으로 행동할 수 있는 교회를 찾아 수평이동을 하기도 하는데, 이것이 가나한 성도, 구도자적 청년들입니다. 어떤 교회들은 이들을 유도하여 청년부가 부흥하기도 합니다. 청년들이 바라보는 것을 함께 바라봐 주십시오. 그리고 그들과 함께 집중할 수 있는 일을 함께 찾으십시오.

(2) 탈권위적 소통

제가 사역하는 교회에는 현재 청년 예배가 없습니다. 원래는 존재했지만 예배는 전체 예배로 바뀌었고 청년들은 독립된 모임만 가지게 되었습니다. 현재 40~50대 세대의 어른들이 청년부 부장 내지 교사를 하면서 네비게이터식으로 청년들을 가르쳤고, 청년들에게 성경의 내용상 문제와 답을 외우고 살 것을 강요하였습니다. 이후 그것을 강요하는 1세대와 거부하는 다음 세대들 간의 긴장이 생겼습니다. 결과적으로, 청년들 중 많은 인원이 교회를 떠났습니다. 거의 다 떠난 공동체에는 과거 신앙을 강요받기를 거부했던 청년들만 다시 돌아왔습니다.

제가 처음 부임했을 때는 이 모든 일들이 일어난 후였습니다. 이들은 9명밖에 없으면서도 서로 소개조차 하기 싫어할 정도로 관계가 깨져 있었습니다. 교회를 위해 무언가를 하고 싶지 않고 공동체를 이루고 싶지 않은 상태의 청년들, 청년부 또는 교회라는 이름으로 신앙생활 하기 싫어 하는 청년들이었습니다.

그러나 그들은 자신이 사역하는 교회학교나 개인의 삶에서는 신앙을 이어나가고 있었고 누구보다 열심이었습니다. 다시 말해, 개인적인 삶에서의 신앙은 열정적이었던 것입니다. 단지 자신들을 존중해 주지 않는 윗세대에 대한 반발심 때문에 공동체에 속하기 싫었던 것일 뿐인 것입니다. 이 와중에 누구 하나 교회를 사랑하지 않은 사람은 없습니다. 강요했던 윗세대도, 반발했던 아래 세대도 모두 교회를 사랑하는 마음이었으나 소통하는 태도가 문제가 된 것이죠. 자신들의 목소리를 들어주지 않고 희생 내지 답습만을 강요하는 장년들 사이에서 청년들에게 교회는 '내 교회'가 아닐 겁니다.

청년 세대와의 소통에서 평등한 관계는 필수적입니다. 삶에 대한 진정한 이해가 없이는 어떤 메시지도 무의미할 것인데, 진정한 이해는 탈권위적 소통에서 생겨납니다. 설교뿐 아니라 교회 봉사에 있어서도 지위를 통해 일하지 말고 소통을 통해 일해야 합니다. 그래서 청년들을 이끄는 지도자는 모든 권위를 내려놓아야 합니다. 말씀의 권위조차도 너무 내세워서는 안 됩니다.

(3) 관계

청년들은 자신이 가지고 있는 신앙과 그 표현의 방식을 다채롭게 표현할 수 있어야 한다는 것을 깨달았습니다. 사람마다 가지고 있는 개성이 다르듯 신앙의 개성도 다를 수 있다는 단순한 사실을 인정해야 합니다. 열 사람이 있으면 열 가지 삶, 열 가지 생각이 있습니다. 한 번은 청년들이 '혐오'에 대해 이야기를 한 적이 있었습니다. 15분짜리 강의를 듣고 청년들이 미리 생각해 온 이야기와 그 자리에서 들었던 느낌들을 서로 대화하기 시작했습니다. 그러나 대화가 되지 않았습니다. 모임이나 공동체라고 하기에는 서로 민감한 문제들을 이야기하기 힘들 정도로 멤버십이 망가져 있었던 것입니다.

청년들 사이뿐 아니라 청년과 교역자들 사이, 또는 청년들과 장년들 사이의 갈등이 원만히 해결되지 않고 그냥 넘어가는 경우 청년들 사이에서는 불신이 쌓입니다. 이것이 심해지면 담임목회자에게 등을 돌릴 수도 있습니다. 권위적으로 "나는 목회자이니 나에게 순종해라" 하는 목회자와 가까운 관계를 맺을 청년은 없습니다.

청년들의 예배가 회복되어야 한다는 말을 많이 들었습니다. 그러나 먼저 예배를 드리기 위해 모인 사람과 사람의 관계가 회복되어야 합니다. 목회자와 성도가 아니라 한 사람과 한 사람의 평등한 관계가 수용되고 서로의 삶이 이해되어야 합니다. 목회자의 삶도 중요하고 청년들의 삶도 중요하니 서로 존중하면서 관계를 맺어 나가야 합니다.

(4) 위로와 쉼

청년들의 삶, 특히 신앙인으로서의 삶은 매우 힘이 듭니다. 당장 하루하루의 삶을 살아내야 하는 이들의 입장에서는 신앙적 공감대가 필요합니다. 그것이 꼭 예배 공동체는 아니어도 괜찮은 것 같습니다. 그저 소그룹 모임이나 봉사활동이나 친목을 통해서라도 서로의 신앙을 이야기하고 들어주고 공감해 줄 사람들이 필요합니다. 그리스도인으로서 나라는 존재를 확인하고 싶은 욕구들을 채워줄 수 있는 것은 가장 기본적인 일입니다.

청년들을 위한 공동체는 청년들 스스로 신앙을 생각할 기회를 가질 수 있도록 해주는 마음을 가진 공동체여야 합니다. 청년들뿐 아니라 그 사이에 있는 간세대 성도들에게도 열린 태도로 대해야 합니다. 청년과 장년 사이의 세대는 교회에서 중직도 아니지만 동시에 청년도 아닙니다. 청년들은 취업의 어려움 때문에 서로 관련된 이야기를 하기 싫어합니다. 간세대는 경제적 어려움 속에서 가정을 일으키는 중이라 교회에서 봉사를 하지 않아도 삶이 힘듭니다. 그렇기 때문에 이들을 일꾼으로 보는 것에 대한 거부감도 대단합니다. 이들에게는 먼저 위로가 필요한데 봉사부터 시켜서는 안 됩니다. 봉사가 사람을 위해 있는 것이지, 사람이 봉사를 위해 있지 않습니다.

앞서 관계에 대한 이야기를 했습니다. 그러나 삶이 고되고 팍팍한 청년들은 주일에 청년부 모임에 와서 또 마주해야 하는 '관계 맺음'이 귀찮을 수 있습니다. 그저 "쉬고 싶어요"라고 하는 이들에게 "쉬지 말고 대화해"라고 말하는 것은 좋지 못합니다. 공간에는 의미와 목적이 있고 그것을 추구하기 위해 구성됩니다. 청년들의 공간이 돈독하고 화목하며 신앙이 성장하는 공간이 되려면 먼저 그들에게 필요한 쉼을 주는 공간이 되어야 합니다.

11) 김용준

"경험되지 않는 교회의 메시지." 청년들이 교회를 떠나는 핵심적인 이유는 이것이 아닐까 생각한다. 교회에서 들려오는 수많은 말들이 자신의 삶에서 경험되지 않을 때, 한 개인은 교회생활을 계속할 이유를 잃어버리게 된다. 바꾸어 말하면 이런 의미일 것이다. "교회는 이 시대의 청년들의 삶에 대한 하나님의 뜻을 제대로 깨닫지 못하고 있다."

지금과 같이 계속적으로 변화하는 시대에 그저 대물림하는 신앙만으로 청년들의 신앙을 세우기는 어렵다. 청년들의 삶에 대한 하나님의 뜻을 찾기 위해서는, 당연히 청년들 스스로가 주체가 되어야 한다. 청년들 스스로가 하나님과의 부딪힘을 통해 깨닫고, 이를 주체적으로 교회를 통해 펼칠 수 있어야 한다. 이를 위해서, 교회는 청년들의 구체적인 삶에 대한 하나님의 뜻이 무엇인지에 관해 더 관심을 가질 필요가 있다고 생각한다. 그리고 사역에 있어서 청년들에게 주도권을 더 주어야 할 필요가 있다고 생각한다.

12) 김주상

청년의 때는 헌신의 때이기보다는 준비의 때입니다. 청년들의 헌신이라면 당연하게 여겨지기에 말이 조금 불편하게 들릴 수도 있습니다. 하지만 고등부를 지나 청년부에 올라오는 순간 교회 내에서 청년들을 보는 시각은 달라집니다. 육체적, 정신(감정)적 노동력을 요구합니다. 청년들은 단지 육체적(노동), 정신적(교사) 인력 그 이상도 이하도 아닙니다. 그러다 보니 내어줌이 채움보다 훨씬 많기에 탈진되고 소진되어 지치게 되고, 그러다가 쉬게 되고, 그러다가 정말 헌신적이었던 청년들이 점차 교회에서 보이지 않게 되는 모습을 보게 됩니다.

청년, 아직은 준비의 때입니다. 당장의 헌신보다는 더 나은 하나님 나라의 일꾼으로 준비되어지도록, 헌신보다는 준비시키도록 교회 내에서 많은 관심을 쏟아야 할 것 같습니다.

13) 김준민

수많은 청년이 교회를 떠나고 있다. 왜 그럴까? 여러 가지 이유가 나오고 있지만, 제일 큰 문제는 기성세대와 청년들 간에 소통 방법 문제가 제일 크다. 기성세대는 자신들이 살아왔던 청년의 삶을 생각한다. 그리고 그 관점으로 21세기를 살아가는 청년들을 대하고, 접근하려고 한다. 다가오려는 마음은 너무 감사하지만, 방법 자체가 다르다. 그런데 이 방법을 바꾸지 않고, 계속해서 밀고 들어오는 기성세대들의 태도에 지금 청년들은 불편을 느낄 수밖에 없다.

기성세대는 청년들에게 접근하는 방법에 대해서 생각하고 고민하기보다는 "우리가 지금 이렇게 너희들을 위해서 어른의 입장을 접고, 너희들의 눈높이로 들어가는데 너희 청년들은 건방지게 우리의 말을 듣지 않느냐?"라고 한다. 기성세대와 청년을 상하관계로 바라보고 접근하는 모습을 교회 안에서 많이 보게 된다. 이런 모습이 교회 안에서 계속 유지된다면, 앞으로 몇 년이 지나도 청년들과 기성세대 간의 접근은, 좀 더 과장하면 대한민국이 통일되어도 영원히 풀리지 않으리라고 생각한다.

또 다른 이유를 생각해 보면, 청년들 중에서도 말씀을 간절히 원하는 이들이 매우 많다. 인기가 많고, 청년들이 많이 참석하는 교회의 특징 중에서 한 가지 특징은 바로 제대로 선포된 말씀이다. 시대의 흐름을 읽고, 바른 성경 해석을 하면서 전파되는 하나님 말씀에 감동하는 청년들이 생각보다 많다. 우리는 이런 점을 간과해서는 안 된다.

교회는 설교자들이 바른 말씀을 전할 수 있도록 설교자들에게 충분한 연구와 공부 시간을 허락해줘야 한다. 하지만 지금 우리의 실상은 어떠한가? 생산성 없는 교회 행정으로 인해서 제대로 된 말씀을 준비하기가 사실상 힘들다. 그리고 시대의 흐름을 읽기보다는 자신의 생존에 대해서 심각한 고민을 하는 사역자들에게 제대로 된 말씀 연구가 가능할까? 그러다 보니 영양가 없는 설교가 예배 시간에 계속해서 흘러나가면 전하는 자나 듣는 자나 주일에 힘들게 시간을 내서 예배를 드리는 것에 염증을 느낄 수밖에 없다.

미국에 존 맥아더 목사는 현재 사역하는 교회에서 청빙을 받기 전에 일주일의 몇 시간 정도는 자신이 성경을 공부할 시간을 달라고 했다고 한다. 그것을 허락해 주지 않으면 자신은 이 교회에서 사역하지 않겠다고 했다는 이야기가 있다. 교회는 존 맥아더 목사의 요구를 허락했고, 지금 그가 사역하는 교회는 미국만이 아니라 세계적으로 나름 유명한 교회가 되었다.

이런 모습이 우리 교회에도 필요하다. 사역자들이 말씀을 위해 연구하고 공부하는 시간이 필요하다. 그래서 말씀에 갈급해하는 청년들에게 제대로 된 시대의 흐름을 읽고, 그것을 잘 해석해서 성경적으로 전달하는 설교자들이 나온다면 떠났던 청년들이 다시금 교회로 돌아오지 않을까?

14) 김학수

사람들이 어딘가에 모여드는 이유는 세 가지뿐이다. 의무, 필요, 그리고 선호 때문이다. 이는 교회에도 마찬가지다. 선교의 초창기에 사람들이 교회에 모여드는 이유는 필요와 선호가 주된 요인으로서 나타난다. 그리고 부흥기에는 의무와 선호가 복합적으로 나타난다. 그리고 쇠퇴기에는 필요와 의무만 남는다.

선호가 사라진 교회. 다시 말해 교회는 이른바 '쿨'하지 못하다. 여남/남녀 학생들이 한 자리에 모일 수 있는 장소, 음악이나 악기, 춤 등 새로운 문화를 접할 수 있는 장소, 따뜻한 위로와 진심어린 대화가 가능한 장소. 교회는 그런 장소였다. 그러나 지금은 교회가 아니더라도 그렇게 쿨한 장소는 어디에나 있고, 오히려 교회는 뒤쳐져 있다. 청년들이 교회를 나오는 이유가 오히려 궁금할 정도이다.

15) 김홍현

가장 중요한 이유는 청년들의 삶에 중요한 관심사와 교회에서 하는 이야기가 동떨어져 있다는 사실이라고 생각한다. 청년들에게는 학업에 매진하고 아르바이트 등으로 돈을 버는 것 그리고 연애를 하는 것 등이 주관심사이다. 그러다 보니 주일에 교회에 나와 예배를 드리는 것은 청년들에게는 아까운 시간일 수 있다. 특히 대학생이 되어 잘 나오던 청년들이 교회에 많이 빠지는 이유 중 가장 큰 부분은 아르바이트이다. 주말을 빼는 아르바이트는 구하기 쉽지 않고 교회에 나가야 한다고 일요일을 빼는 것은 누군가에게 피해를 주는 일이기 때문이다. 그런데 교회는 주일성수라는 이름으로 주일에 예배에 안 오고 학교행사에 참여거나 아르바이트를 하고, 직장에서 일하는 것에 대해 부정적이고 정죄하는 식으로 죄책감을 주는 이야기를 쉽게 한다. 믿음의 크기와 유무(有無)를 따지면서 말이다.

또 한 가지는 교회가 세상 가운데서 빛의 역할을 감당하지 못하기 때문이다. 교회나 목회자들의 비리, 성 문제, 세습 등 오히려 교회의 모습이 덕이 되지 못하기 때문에 목회자나 예수 믿는 성도들을 신뢰하지 못한다. 청년들 중에는 갓 성인이 되거나 사회생활을 처음 시작하는 사람들이 많다. 세상을 바라보는 데 굉장히 민감한 시기이다. 그렇기 때문에 윤리적으로 타종교나 종교가 없는 사람보다 월등하지 않은 교회가 예수님의 십자가의 구원을 이야기하는 것은 굉장히 이기적으로 보일 수밖에 없다.

16) 문인성

2016년 동안교회 청년부는 자체 분석을 진행했다. 이 조사는 왜 청년들이 떠났는지 사례를 분석하고 교회에 무엇을 바라며 출석하고 있는지를 보여준다. 이 조사결과에 따르면 교회를 떠나는 이유는 교회 공동체에 실망한 부분이 1/4, 연령 상승과 결혼이 1/4, 지방이 주나 취업이 1/4, 기타 이유가 1/4 이었다. 교회 공동체에 대한 실망을 구체적으로 살펴보면 "개인의 삶이 지나치게 바빠서"가 38%, "교회가 삶의 문제에 응답하지 못해서"가 35%, "교회의 윤리성 하락"이 18%, 기타 의견이 있었다. 조사에 따르면 이들은 교회에 주일설교를 기대하고 출석하고 있으며 동시에 영적 갈증이 해결되기를 소망하고 있다. 청년들은 교회가 개개인의 삶을 돌보지 못하고 문제에 해답을 주지 못하는 것에 갈증을 느끼고 있으며 동시에 바쁜 일상에서 허덕이고 있다.

17) 민재원

청년들과 공감대 형성을 못하는, 소위 '꼰대' 태도의 사역자들이 있다. 이들은 상식 밖의 비도덕적 혹은 비이성적 설교와 행동으로 청년들의 신뢰를 잃는다. 어쩌면 옛날세대에는 별로 문제가 되지 않았을지 모를 행동이지만 요즘 청년들에게는 매우 민감한 사항이다.

교회 재정 감축으로 인해 청년 담당 목회자가 줄어드는 것도 문제이다. 청년들도 교회에 나오기 힘들 정도로 삶에 여유가 없다. 그리고 이 때문에 청년부에서 자체적인 양육관계가 단절되는 현상이 나타난다. 개인주의적 신앙생활이 늘어나고 청년 공동체는 와해된다.

18) 박승은

조사를 위해서 다양한 지인들의 의견을 물었고 그것을 취합해 본 결과, 처음 신앙생활을 시작했던 사람들의 문제의식과 오랫동안 신앙생활을 했던 사람들의 문제의식이 서로 다르다는 점을 발견할 수 있었습니다. 따라서 이 문제를 두 부분으로 나누어 살펴보면 다음과 같습니다.

첫째로, 아직 믿음이 연약한 청년들의 문제제기를 살펴보면 시간 문제(주말에 교회를 나오는 것이 시간을 뺏긴다, 토요일에 여가를 보낼 때 주일이 걸린다, 그 시간에 학점과 스펙 관리가 더 중요하다)와 교회 안팎의 신앙생활에서 느끼는 괴리감(교회 안에서는 가면을 쓰고 행동해야 하고, 솔직하게 행동하면 판단하는 것이 눈에 보인다, 교회 안에서의 나의 모습과 교회 밖에서의 나의 모습에 괴리감을 느낀다), 또한 강압적인 분위기(처음 와서 믿음이 없는 것이 당연한데도 믿음을 강요하고 기독교인의 행동을 요구한다. 처음 보는 이상한 율동을 강요한다. 처음 왔을 때 자연스럽지 않고 과도하게 환영한다) 등의 문제가 제기되었습니다.

둘째로, 교회에서 오랫동안 신앙생활을 했던 청년들의 문제제기로는 목회자의 자질(공감능력 부족, 회사를 다니지 않아서 일상의 삶을 공감하지 못하고 더한 헌신을 요구하면서 그것을 믿음의 문제로 여긴다, 우리와 함께 있는 목회자라는 생각이 들지 않는다, 목회자의 역사의식 부족과 이로 인한 망언이 실망스럽다)에 대한 문제와 교회 안에서 관계(교회에서 장년층에게 이용당하고 있다는 인식, 청년은 무조건 일해야 한다는 인식, 회사에서도 꼰대 만나서 싫은데 교회 안에서 어른들이 꼰대가 될 때), 대안 부족(대형교회에서 문제점을 느끼고 작은 교회로 갔을 때, 인프라도 부족하고 아이도 기를 수 없으며 자기에게만 너무 많은 역할이 주어질 때), 나이에 따른 통과의례(취직, 결혼에 대한 부분이 늦어질 때 미운오리 취급되는 분위기와 부담감) 등이 문제로 제기되었습니다.

19) 박신영

청년들이 교회를 떠나는 이유를 외적인 이유와 내적인 이유 두 가지로 보고자 한다.

외적인 이유에서의 첫째로 극심한 취업난이라 생각합니다. 일단 취업이 안 되고 미래가 불투명하고 현재가 암울하니 밖에 나가는 것 자체가 부담이고 사람을 만나는 것이 우울하지요. 교회에 가면 이것저것 물어보고 비교되니까요.

둘째로 교회 밖에 청년들의 욕구를 채워줄 콘텐츠가 너무너무 많아요. 카페만 해도 교회 밖 카페가 더 좋잖아요? 접근성도 좋고요. 점점 세상은 디지털 세상이 되어 가는데 교회는 여전히 아날로그인 것도 그러하고요.

교회 내적인 이유로는 첫째, 교회라는 공간 자체가 청년들을 위한 물리적 공간이 아니에요. 청년들은 '공간'을 필요로 해요. 만나고 이야기하고 시간을 보낼 공간이 필요한데 교회의 가장 큰 공간인 본당은 너무나도 신성한 곳이어서 맘대로 들어가면 안 되고 일주일에 몇 번을 제외하고는 활용도가 극히 떨어져요.

둘째, 목회자분들을 만나서 함께하는 게 힘들어요. 요즘 세상은 옷가게 직원도 손님에게 이거저거 막 권하고 물어보지 않아요. 개인을 존중하기 때문이죠. 근데 교회만 가면 신상털이는 물론 사돈에 팔촌까지 호구조사 당해요. 힘들어요.

정작 청년들이 질문하는 것들에는 목회자들이 대답을 못해요. 예를 들면 창조론과 진화론에 대해서, 또는 여러 윤리적 이슈들(동성애 등등)에 대해서요. 그렇다면 성경에 대해서라도 설명을 잘 해줘야 하는데 그렇지 않아요. 유튜브 가면 더 좋은 설교가 많아요. 영어 조금 하면 해외 유명 교회 설교가 더 복음적이에요.

셋째, 교회 어른들이 너무 꼰대예요. 왜 그렇게 잔소리가 많고 기성세대 위주로 교회는 돌아가는 걸까요. 그리고 우리에게 성경을 가르쳐 주기도 전에 일을 시키는 걸까요. 제대로 된 설교, 예배, 찬양을 드리고 싶은데 여기저기 짐을 나르고 애들 보고 그러다 보면 주일이 지나가요. 못한다고 그러면 요즘 것들은 정신상태가 안 좋다고 하는 것이죠.

마지막으로 요즘 교회 행태가 참… 미디어에 하루가 멀다 하고 교회 뉴스가 나오는데 대부분 부정적인 것입니다. 세습에, 이중장부에, 성범죄에… 그러니 누가 교회에 가겠어요.

20) 박은총

교회는, 그리스도의 공동체는 궁극적인 아름다움을 지향한다. N. T. 라이트의 비유처럼 오케스트라 심포니의 피아노 파트 부분은 그 자체로도 충분히 아름답지만 사실은 그것 너머의 더 궁극적인 아름다움을 가리키고 있듯이, 마찬가지로 교회공동체는 그 자체로도 아름다워야 하며 또한 그것 너머의 궁극적인 아름다움을 가르치고 있어야 한다.

하지만 청년들의 삶을 품어주기는커녕 그들을 정죄하고, 그들에게 안식이 되어 주는 것이 아니라 도리어 그들을 하나의 도구로 사용하는 모습이 만연한 한국교회를 보면 청년들이 교회를 떠나는 모습은 전혀 부자연스러운 것이 아닌 듯하다. 청년들이 가지고 있는 지적 욕구를 신앙과 함께 채워주기는커녕 그들에게 맹신을 강요하고, 흘러가는 문화를 적대하며 맞지 않는 과거의 옷을 다음세대에게 입도록 요구하는 것 또한 청년들의 마음이 떠나는 이유가 아닐까.

21) 심수빈

다양한 통계자료와 상관없이 개인적으로 기독청년들을 만나서 이야기를 나누면서 느낀 지극히 개인적인 생각으로 '청년들이 교회를 떠나는 이유' 중에 하나는 '교회 가기 귀찮아서'다. 이 대답을 한 청년 A는 교회의 예배가 더 이상 자신의 삶에 영향력을 미치지 않는다고 했다. 교회의 모임이나 활동 역시 너무 피곤하며, 자신이 주중에 할 활동이 너무 바쁘기 때문에 주일은 쉬고 싶다고 하였다. 또한 교회에서 맡아야 하는 일이 너무 많고, 청년들이 이러한 일을 하는 것을 너무 당연하게 여기는 교회 분위기도 싫다고 하였다. 이런 경향은 더 많아지고 있는 듯 보인다. 교회에서 듣는 설교나 예배, 모임 등에서 삶을 변화시키는 역동성이 느껴지지 않기 때문에 바쁘고 고달픈 하루를 보내는 청년들은 더 이상 교회에 나갈 의미를 찾지 못하는 것이다.

그러나 이 친구도 역시 정말 좋은 교회에 가서 영적인 도전을 받는다면 기꺼이 나가게 되지 않겠느냐는 말을 하면서 교회에 대한 자신의 마음을 털어놓았다. 교회에서 청년들의 존재감은 어떤 의미를 가지는 것일까. 혹 한 명의 노동력 정도로 여기는 것은 아닌지 아쉬운 마음이다. 워라밸(work-life-balance) 시대에 교회에서 많은 봉사와 일에 허덕이는 청년들의 영적인 감수성과 마음을 돌아보지 못한다면 교회는 줄어들어가는 청년들을 붙잡기 어려울 것이다.

두 번째 청년 B는 교회의 여러 가지 조직적인 문제에 대한 회의감, 교회의 보수적인 정치적 견해 등 다양한 교회 조직에 대한 실망감으로 교회를 떠났다고 말했다. 그러면서 더욱 충격적인 이야기를 듣게 되었는데 청년 B가 보수적인 교회에 대한 실망감으로 정치적으로 진보적인 성격이 많은 교회를 갔더니 그곳에서 느끼게 되는 생각과 일반 시민단체에서 주는 감동이 다를 바가 없었기 때문에 교회에 나가지 않게 되었다는 것이다. 일반상식에서 벗어나지 않으면서, 교회만의 감동과 영적 울림을 원하지만 그런 교회는 없는 것 같다며 아쉬워하였다.

교회가 이 시대의 청년들에게 줄 수 있는 키워드를 적극적으로 찾아나갈 필요가 있다. 그리고 한편 교회의 낡은 구시대적인 훈육 사고방식을 벗고, 오늘날 청년들이 무엇을 추구하고 고민하는지에 집중할 필요가 있다.

22) 양다운

청년들이 교회를 떠나는 이유는 올바른 신앙의 교육이 약해짐으로 청년들 자체의 신앙이 약해져 있기 때문이다. 고3만 되면 자연스럽게 교회에 안 나와도 되는 것이 요즘 교회의 분위기다. 대학을 위해서, 취업을 위해서 각종 이유로 교회를 안 나오는 것이 당연하게 생각되는 요즘 우리의 청년들은 신앙이 아닌 자기중심적 삶을 당연하게 여기며 살고 있다. 교회를 다니는 부모님들도 자녀의 신앙보다는 자녀의 미래를 더 중요하게 생각한다. 올바른 신앙교육이 점차 사라짐으로 인해 청년들이 교회를 떠난다고 생각한다.

23) 양평강

(1) 소모품 취급 받는 청년들

한국교회는 담임목사님의 영향력이 가장 크다. 그리고 대부분 주축이 되는 장로님, 권사님, 집사님은 40대에서 60대에 이른다. 이런 교회에서 20대 청년들은 가장 값싸고 열정적인 교회의 일꾼으로 여겨진다. 취업난으로 인해 일자리 구하기가 어려운 이때, 교회는 청년들을 위로하기보다는 교사, 찬양팀, 성가대, 각종 업무를 특히나 열정적이고 무보수로 헌신할 것을 요구한다. 한국사회의 청년들처럼 한국교회에서도 청년들은 조직의 소모품에 불과하다. 이런 교회는 청년들의 남아 있는 힘마저도 뺏어가 버린다.

(2) 교회의 재정방향에서 소외된 청년부

20대 이전의 아이들은 유력한 집사님들의 자녀들이기 때문에 교회의 교육열의 도움으로 재정을 확보할 수 있다. 하지만 30대 이상이 사용할 만한 재정도 빠듯한데 그 재정을 스스로 벌어서 사용할 수 있는 청년들에게 투자하기는 벅차다. 나이도 많으니 밥값도 더 많이 들고 청년부 활동은 전교인과 버금가는 수련회, 찬양팀, 세미나 비용, 해외선교여행 등을 운영하기 때문이다. 따라서 재정권이 독립되어 운영하는 청년부는 재정난이 심하다. 독립되지 않고 전교인과 함께 움직이며 청년부의 헌금보다 더 많은 지원을 받는다고 해도 충분하게 지원받기는커녕, 교회 각종 봉사를 맡을 명분만 내어주게 된다.

(3) 예배시간, 장소를 확보할 수 없는 청년부

주일학교는 보통 어른들이 드리는 대예배 시간에 예배를 드린다. 하지만 청년부는 그때 어른 예배를 함께 드려야 한다. 따로 점심을 먹고 1-3시에 청년부로 모이거나 토요일에 모이는 경우도 있다. 하지만 독립되어 운영되는 청년부가 아닐 경우, 어른과 똑같이 예배드리고 섬기고 나머지 시간, 나머지 공간을 찾아야 한다. 청년부 숫자가 적을 경우 예배장소를 확보할 수 없어서 카페에서 잠깐 모임을 갖는 경우도 많다.

⑷ 좋은 교역자를 원하는 청년부

어른들도 마찬가지겠지만 성도들은 여러 가지 이유를 가지고 교회를 선택한다(담임목사 설교, 집과의 접근성, 교단 등). 대부분 성도들이 교회를 선택하는 가장 중요한 기준은 교역자이다. 그러나 아이들은 대부분 부모님 때문에 교회를 다니기 시작한다. 어리기 때문에 억지로라도 나가야 한다. 고등학생이 되면 점점 안 나가는 친구들이 생긴다. 청년부가 되면, 그나마 담당 전도사님 때문에 교회를 다녔다가 점점 담임목사님에 적응하지 못하고 교회를 떠난다. 청년부 교역자가 있다 하더라도 담임목사님과 청년부 교역자를 모두 존경하면서 교회를 다니기 어렵다. 청년들이 청년부를 떠나는 이유 중 어느 부분은 교역자의 책임이라고 생각한다. 따라서 검증된 교역자 중심으로 청년전문사역을 하는 사역단체와 일반 교회학교를 졸업하고 자연스럽게 청년부를 운영하는 교회에서 청년들의 헌신도는 다를 수밖에 없다.

24) 이동혁

아직 많은 청년들이 교회에 소망을 가지고 있다. 청년부를 통해 하나님을 만나고 싶고, 그 안에서 하나님의 사랑을 몸소 체험하고 싶다. 그러나 이 시대를 살아가고 있는 청년들은 너무 바쁘다. 어두운 현실 가운데, 빛을 찾아내기 위해 노력한다. 좋은 직장에 취업을 하기 위해서는 많은 스펙이 요구된다. 그 현상이 잘못된 것이라 하더라도 그것이 현실이다.

하지만 교회에서는 바쁜 청년들을 배려하지 못하고 예전에 그랬던 것처럼 많은 것을 요구한다. 특히 교회 일에 전적으로 헌신하기를 원한다. 필자도 교역자가 된 지금보다 청년 때가 교회일로 더 바빴다. 그래서 억지로 요구되는 헌신에 지친 청년들은 많은 짐을 지우는 교회를 떠나, 가볍게 다닐 수 있는 대형교회로 옮겨가거나, 교회를 아예 떠나버린다.

이제는 교회 구성원들이 짐을 나눠지고, 서로 함께 나아가야 할 때이다. 청년들이 교회에서 일만 하는 것이 아니라, 진정으로 하나님을 만나고 체험할 수 있도록 믿음의 선배들이 청년들을 향한 배려와 재헌신이 필요해 보인다.

25) 이한빛

교회를 떠나는 청년들은 각자 다른 여러 이유를 가지고 있지만, 나의 주변을 살펴보면 크게 세 가지로 정리해볼 수 있다. 첫째, 교회의 권위주의적 문화에 대한 거부다. 많은 교회들은 오랜 시간 동안 목사님과 교회 지도자에게 순종하기를 가르쳤다. 이러한 교회의 가르침은, 순종을 사회적 미덕으로 여겼던 시대의 어른들에게는 크게 문제가 되지 않았지만, 비판적인 사고가 가능한 젊은 세대들에게는 거부감을 불러일으켰고, 교회 문화에 대한 부적응을 야기했다.

둘째, 청년들의 바쁜 삶이다. 요즘 많은 청년들은 아르바이트, 공부 등으로 절대적인 시간의 부족을 겪고 있으며, 이에 따라 예전처럼 교회에서 시간을 보내는 것이 어려워졌다. 이때 우선순위, 즉 선택의 문제가 발생하는데, 이 우선순위에서 교회가 우위를 점하지 못했다.

이는 세 번째 이유와 연결되는데, 여러 교회들이 특히 청년들에게 좋은 삶의 가치를 제시해 주지 못하기 때문이다. 많은 교회들이 보수적인 신앙을 바탕으로 사회 문제에 대해 관심을 갖지 않았고, 이에 따라 청년들에게 적절한 대안이나 가치를 제시해 주지 못했다. 게다가 교회의 부패 문제들이 드러나 청년들이 교회에 크게 실망하였다.

앞서 언급한 대로 청년들이 교회를 떠나는 데에는 여러 이유들이 복합적으로 있겠지만, 무엇보다 교회가 빛과 소금의 역할을 하지 못하였고 청년들의 이야기를 귀담아 듣지 않았던 것이 청년들이 교회로부터 멀어지는 결과를 초래했다고 생각한다.

26) 정빙화

요즘 청년들이 왜 교회를 떠나는가? 과거에 열심히 노력하면 잘 살 수 있었던 시대가 있었지만, 오늘날은 노력만 가지고는 안 되는 세상이다. 흙수저 청년들은 여가, 연애, 결혼, 출산 등을 포기하며 치열하게 살아간다. 그러나 대다수의 한국교회는 이들의 삶의 문제를 끌어안고 풀어가려는 노력을 전혀 하지 않는다. '기도해라,' '순종해라' 하는 원론적인 이야기는 더 이상 청년들에게 희망을 주지 못한다. 교회에서 하는 모든 활동들이 그들의 현실과 동떨어져 있다고 느끼는 청년들은 결국 예배 대신 아르바이트를 선택하게 된다.

교회구조와 기성세대의 문제도 청년들이 교회를 떠나는 데 크게 한몫을 한다. 한국교회는 당회를 중심으로 모든 의사결정이 이루어지는데, 청년들의 목소리는 거의 듣지 않는다. 청년들은 교회행사에는 여기저기에서 동원되면서 자신들의 의견과 생각이 반영되지 않는 현실에서 좌절감을 맛본다. 또한 교회에서 진심으로 존경하며 본받고 싶은 어른들을 만나기가 쉽지 않다. 가부장적이고 권위주의적인 교회 어른들의 모습에서 예수님의 향기를 느끼기보다 바리새인의 악취를 맡고, 결국 등을 돌리게 되는 것이다.

27) 정현학

청년들이 왜 교회로 안 나오는지를 물을 것이 아니라 교회는 청년들에게 무엇을 하고 있는지 물어야 한다. 교회는 청년들에게 더 이상 쉴 만한 물가가 아니다.

28) 최새롬

청년이 교회를 떠나는 이유는 한 가지로 말할 수는 없겠지만 우선은 교회학교 시스템의 폐해가 아닌가 생각한다. 주일학교라는 개념이 아이가 태어났을 때부터 유아부로부터 아동부, 청소년부 등 학교 교육의 개념과 맞닿아 있는데, 일주일에 한 시간 남짓 하는 교육이 신앙 교육의 전부라고 생각하는 사람이 너무 많다. 물론 시간이나 양이 너무 적어서 매일매일 일상에서 평일에도 하나님을 생각하고 묵상하는 시간을 가지라고 이야기는 하지만 그것을 모두 개인의 책임으로 떠넘기게 된다. 왜냐하면 주일학교 시스템에 있는 교역자나 부모 스스로도 평일의 삶은 종교적인 삶이 아닌 사생활이라고 생각하기 쉽기 때문이다.

그래서 점점 신앙생활이 개인화되고 있는 상황에서 심방을 하고 전화를 해도 이들은 주일학교 교역자와는 주일에만 만나기를 원한다. 그렇기 때문에 청년이 되었을 때뿐 아니라 빠르면 청소년 때에 '교회를 왜 다녀야 하나?' 하는 생각이 들게 된다. 평일의 삶과 주일의 삶에서 괴리를 많이 느끼기 때문이다. 그냥 내가 생각하고 내가 느끼고 하고 싶은 대로 평일의 삶처럼 주일도 살고 싶다는 생각이 더 들 수 있다.

또한 세상에서는 다양한 문제와 질문들에 대해 여러 대답을 제시해 주고 다양한 프로그램들과 강의들을 통해 의문점들에 대한 수요를 감당하고 있는데, 교회는 세상의 소리와 그 질문을 듣지도 못하고 있다. 청소년과 청년들에게서 '주일에는 예배를 드려야 한다'는 생각이 점점 사라지는 오늘날의 추세에서, 교회에 왔는데 자신들의 삶과는 동떨어진 설교를 받아들여야 하는 입장에서 진이 빠지기 마련이다. 교회에서의 시간을 영혼이 없는 교제와 대화라고 느끼며 허무함을 느끼게 된다.

세상이 줄 수 없는 교회만의 특별한 교제, 말씀 안에서 일상의 상처에 대한 위로를 줄 수 있는 교제가 풍성하다면 사람들이 교회에 와야 하는 그 독특한 이유 때문에라도 올 텐데, 실제로 주어지는 것은 이도저도 아니다. 그래서 내 시간이 아까우니 주일에 할 다른 여러 가지 방안을 찾아 교회를 떠나는 것이다.

29) 황푸하

오늘날 청년들의 목마름에 교회가 응답해 주지 못하나 봅니다. 교회는 과거를 회상하며 그들을 억지로 은혜 속으로 떠밀고 있기는 하지만 많은 청년들이 그런 목회를 신뢰하지 못합니다. 왜냐하면 지금은 2018년이니까요. 일단 교회가 말하는 신학은 현대인들이 받아들이기에는 너무 보수적이고 교회 중심적입니다. 교리와 말씀에 대한 보수적인 해석은 이 시대를 살고 있는 청년들이 끝내 이해할 수 없습니다. 그 담론을 아무리 논리와 합리로 무장할지라도 말입니다.

그리고 하나님 나라를 곧 교회로 이해하고 있는 교회는 교회의 확장과 성장을 목표로 하는 기업이 되었고, 이런 방향은 오늘날 청년들의 고민과 문제와도 전혀 무관합니다. 사실 현대 신학자들의 연구 가치는 과거의 신학에 대한 극복이지 않겠습니까? 오늘날 청년들에게도 더욱 생명력 있는 교회가 되기 위해서 오늘 숨 쉴 수 있는 신학과 방향을 제시할 수 있어야 합니다.

2. 청년이탈현상에 대한 신학생들의 생각(익명)

신학생들 중 자신의 의견이나 경험을 공유하고 싶지만 자신이 누구인지는 숨기고 싶어 한 이들이 생각보다 많이 있었습니다. 너무 개인적인 경험이라서, 자신이 다녔던 교회의 부끄러운 부분을 드러내는 이야기라서, 솔직하게 다 털어놓으면 불이익이 생길까 봐, 그리고 이 이야기가 누군가에게 상처가 될 것을 걱정하며 익명으로 자신의 이야기를 남겨주었습니다.

군대에는 '마음의 편지'라는 것이 있습니다. 병사들이 건의사항이나 고충을 직접 이야기하기 힘든 경우 익명으로 쪽지에 써서 상자에 넣으면 지휘관이 그것을 받아 문제를 파악하고 해결해 주는 제도입니다. 그러나 군필자들 중에서는 '마음의 편지'를 썼다가 이런 일을 겪은 분들이 계실 겁니다. 익명으로 쪽지를 썼더니 갑자기 지휘관이 들어와서 "이 마음의 편지 누가 썼냐?"라고 물어보는 겁니다. 그리고 아무도 자신이 썼다고 하지 않으니 "괜찮으니 누가 썼는지 말해. 자세히 이야기를 듣고 싶어서 그래. 아무도 안 썼어? 그러면 없던 거로 하겠다"라고 하고 나가버립니다. 그럴 거면 왜 익명으로 받은 걸까요?

저는 저에게 익명의 의견을 투고해준 분들과의 신뢰를 위해서라도 절대 이름을 밝히지 않을 것입니다. 그들의 생각을 함께 들을 여러분들께서도 그 용기와 간절함을 존중해 주시기 바랍니다. 익명의 글 앞에서 우리가 가져야 하는 마음은 '이 글 누가 썼어?'가 아니라 '이 글 쓴 사람 정말 고민이 많았겠구나'입니다. 비난하기 위해서가 아니라 공감하고 해결책을 찾기 위해서 읽어 주세요.

정리한 내용을 청년문제를 두고 함께 대화했던 이들에게 보여주니 "몇 가지는 이름을 밝히지 않아도 누가 쓴 어느 교회 이야기인지 알겠다"라고 하는 경우도 있었습니다. 그만큼 있는 그대로의 이야기를 써주었다는 면에서 실명으로 옮겨진 글들보다 더 깊고 진실한 내용이 담겨 있기도 합니다. 부디 이 글들이 글을 쓴 이들에게나 보는 이들에게나 상처 대신 반성을, 비난 대신 이해를 가져다주게 되기를 바랍니다.

1) 익명 1

일부 교회가 '좋은 일'을 하느라 사소하지만 중요한 '가치'를 잊어버린다. 내가 경험한 교회는 목표를 향해 정신없이 달리다가 '정직'을 놓친 경우에 속한다. 좋은 마음에서 시작한 일이었고 좋은 마음으로 진행된 일이라 믿고 싶다. 하지만 일을 진행하는 과정에서 '정직'이라는 가치를 던져버리고 힘 있는 사람의 손을 빌려 시간을 단축시켰다. 반년에서 1년이 족히 걸리는 일이 한 달 만에 통과되었다. 일을 진행한 담임목회자는 하나님의 은혜로 힘이 있는 사람을 만날 수 있었다고 해석했다.

나는 '정직'이 없는 하나님의 은혜를 보며 힘이 빠졌다. 그리고 그 일을 겪고 몇 달이 안 되어 명성교회 세습이 터졌다. 몇 달 동안 교회를 떠났다. 교회에 매력을 느낄 수 없었다. 다시 돌아가긴 했지만 여전히 매력을 느끼기 어렵다.

2) 익명 2

아이 셋을 낳으면서 임신 막달과 출산 후 두 달, 합해서 세 달 정도 교회를 안 가고 나서 오히려 신앙이 좋아졌다. 일단 몸이 건강해졌다. 교회 가면 너무 피곤하고 항상 일을 시키는데, 집에서 예배드리니 몸이 건강해지고 정신이 건강해졌다. 이래라 저래라 비교하고 간섭하는 소리를 안 들으니 정신도 건강해지는 느낌이었다. 정말이지 말도 안 되는 설교를 안 들으니 오히려 더 교회를 안 가는 게 신앙에 도움이 되는 것 같다. 방송예배를 드리는 편이 훨씬 낫다. 헌금은 평소에 아이들을 후원하는 것으로 한다고 생각하는 게 교회에 헌금해서 교회를 살찌우는 것보다 훨씬 성경적인 현대사회의 헌금과 구제인 듯하다. 일주일에 하루 쓰는 건물의 유지비와 여기저기 기관들이 단풍놀이 가는 것에 헌금하기 싫은 적이 많다.

3) 익명 3

청년들이 교회를 떠나는 이유는 많겠지만 제가 경험한 바로는 이런 이유들이 있어요.

⑴ 어떤 청년들은 말씀대로 살지 못하고 자신을 위해서 수단과 방법을 가리지 않는 수많은 목회자들을 보고 실족한다고 하더라고요. 예를 들면 교회 성도들은 어려운 가운데서도 헌금하는데 목회자는 점점 부유해지고, 심지어 유학을 가 있는 목회자 자녀들에게는 교회 돈으로 수많은 장학금을 주는 모습을 보고 상대적 박탈감을 갖고 떠나는 걸 본 적이 있어요. 요즘 청년들은 똑똑해서 사리판단을 잘하는 것 같아요.

⑵ 말씀과 생활의 이질감이 있어요. 성경말씀들이 생활과 너무 반대될 때가 많아서 말씀대로 살아갈 수 없는 모습을 보면서 점점 멀어지게 돼요.

⑶ 성경에 대한 무지함도 이유입니다. 어릴 적 교회를 다녔었지만 지금은 교회를 다니지 않는 사람들을 보면 성경에 대한 무지함이

너무 많더라고요. 그래서 교회 나가는 것이 중요하다고 생각하지 않더군요. 다만 어려운 일이 있으면 교회를 나갈 때도 있지만 물어보면 믿는 마음이 있어서 그런 게 아니라 힘들고 간절해서 붙잡을 곳이 필요해서 찾은 거래요.

(4) 포기할 수 없는 즐거움들 때문에도 교회를 떠나요. 가령 여행이 있는데, 주말에 유일하게 쉬는데 여행을 가고 싶은 욕망을 뿌리칠 수 없다는 사람이 생각보다 많았어요. 놀러 다녀야 해서 교회에 갈 수가 없대요.

4) 익명 4

교회 안 청년들이 교회를 떠나 세상으로 돌아가는 것은, 교회가 세상보다 낫다는 기대감을 상실했기 때문이다. 세상의 법칙이 교회에도 버젓이 들어와 교회의 법칙이 되어 버렸기 때문이다. 세상이 교회를 닮아가는 건지, 교회가 세상을 닮아가는 건지. 우리 청년들은 지금 헷갈려하고 있다. Ecclesia semper reformanda est. 교회는 항상 개혁되어야 한다.

5) 익명 5

대학청년부 교역자로서, 그리고 38세 기독 청년으로서 청년들이 교회를 떠나는 이유에 대하여 솔직하게 생각을 적어본다

(1) 정치적 성향의 변화 - 세대 갈등의 심화

주류 한국교회는 한국사회의 폭발적 성장기와 더불어 성장했고, 주류 정치 이데올로기였던 반공, 보수주의적 가치를 내면화하였다. 이는 한국교회의 성장에 큰 도움이 되었고, 사람들은 사회에서의 정치적 신념을 교회 안에서 펼치는 데 어떠한 장애를 겪지 않고 쉽사리 적응할 수 있었다.

그러나 오늘날 청년 세대 그리고 3040세대까지 정치적 성향이 급격하게 좌편향 이동을 함으로써 한국교회 안에서는 세대갈등과 더불어 정치적 갈등을 경험하게 되었다. 뿐만 아니라 기존 사회를 유지하던 가치체계들(근면정신, 공동체주의, 근대적 가족중심주의)이 급격하게 변화함에 따라 기독청년들은 취업문제, 개인주의의 확산, 비혼족의 증가 등 급격한 가치체계의 변화를 경험하는 데 있어서 적절한 답변을 교회로부터 공급받지 못하고 있다.

이는 자신의 삶의 문제들이 신앙 안에서 해결되지 못한다는 생각을 팽배하게 만들고 결국 삶과 유리된 신앙을 포기하는 결과를 초래하게 되었다.

(2) 장로교회(혹은 주류 한국교회) 내 의사소통의 문제

한국 주류교회는 대부분 장로들의 전통을 따르고 있다. 장로(목사 포함)들은 당회, 안수집사와 권사들은 제직회라는 정치조직을 통해 교회의 의사결정 구조를 독점한다. 이러한 당회-제직회 체제는 젊은 이들의 의사결정 참여를 배제하는 결과를 초래한다.

20-30 세대들은 자신들의 삶과 신앙에 관련된 어떠한 의견을 가지고 있더라도 그것을 교회 내 의사결정 구조(사역계획, 예산 선정 및 집행 등등) 안에서 피력할 수 없음을 깨닫고 좌절하게 된다. 이러한 젊은이들의 의사결정권 배제는 기존 교회조직(남선교회, 여전도회)으로의 편입을 거부하는 결과를 초래한다.

6) 익명 6

청년들이 교회를 떠나는 것에는 여러 이유들이 있지만 그 원인을 제공한 이들을 따져보면 목사와 장로들이 잘못이다. 청년들과 소통하지 않는 당회, 청년들에게 조금의 주체성도 허락하지 않는 권위주의적 목회자, 자신이 잘 모르는 분야를 질문하는 청년들에게 "그런 것은 알 필요가 없다"라고 말하는 목사들이 청년들이 교회에 질리게 만든다. 청년 장로를 세워서 청년들을 당회에 보내야 한다.

7) 익명 7

어느 공동체든지 역사 속의 축적된 경험을 통해 일한다. 지속 가능한 공동체는 축적된 경험 위에 새로운 지식을 계속해서 쌓는다. 이를 통해 변화하는 세상에 적응하기 위해서이다. 나아가 성공적인 공동체는 축적된 경험과 새로운 지식 위에 자신들만의 특별한 무엇인가를 만들어 시대를 이끈다. 그래서 오히려 세상이 이들을 따라가게 한다.

한국교회는 한때 선교사들의 경험 위에 한국의 문화에 대한 새로운 지식을 쌓아나가며 한국적인 기독교 교회문화를 만들었다. 그리고 시대를 앞서가는 문화, 지식, 사상을 제시하면서 사회의 변화를 이끌었다. 교회는 남녀평등부터 새로운 음악에 이르기까지 다방면에서 사람들을 이끄는 매력 있는 집단이었다. 우리 대한예수교장로회통합 교단도 정부의 독재에 항거하며 민주화세대를 이끌었다.

그러나 지금은 그저 자신들의 경험을 그대로 주입시키려는 기성세대와 이에 반발하는 청년세대가 심각하게 반목하고 있다. 세상이 너무 빠르게 변해서인지 옛 기억 위에 새 지식을 쌓지도 않은 채 청년들에게 같은 행동을 할 것을 강요한다. 이런 교회공동체에 적응한 청년은 교회 밖에서는 부적응자가 된다. 과거의 영광에만 집착하는 이들이 새 시대의 흐름과 교회 사이를 단절시켰다. 지금의 교회는 마치 자폐증 환자같이 되어 버렸다. 그리고 그것을 느끼는 청년들은 모두 떠나고 있다.

8) 익명 8

설교는 신앙인들이 삶의 자리에서 신앙인답게 살도록 해주기 위한 것이다. 그래서 설교는 그 설교를 듣는 이들이 공감할 수 있고 실천할 수 있는 내용이어야 한다. 그래서 교육목회자들이 발달 과정에 따라 초등부, 중등부, 고등부 등에 알맞은 설교를 하는 것이다. 이와 마찬가지로 청년들에게는 청년들에게 필요한 설교가 따로 있는데, 실상 청년들의 삶을 그리스도인답게 이끌기 위한 목적으로 설교를 쓰는 청년교역자가 별로 없다. 심지어 청년부 예배에 담임목사가 장년들에게 한 설교를 가져와 그대로 하는 경우도 있다.

장로교 예배의 핵심은 설교라고 생각한다. 아무리 다른 예배 순서들이 은혜롭다 해도 설교가 이상하면 그 예배는 이상한 예배가 되고, 아무리 찬양이나 기도 등이 어설퍼도 설교가 좋으면 그 예배는 좋은 예배가 된다. 청년들에게 '저 이야기를 왜 나한테 하지?'라는 생각이 들게 만드는 청년들의 삶과 동떨어진 설교는 예배 자체에 대한 좋지 않은 기억을 준다.

그리고 청년들은 대부분 소비자 내지 구도자적인 마인드를 가지고 예배에 참여한다. 다시 말해 '나에게 의미 있는' 예배를 찾는다는 뜻이다. 그 의미를 주지 못하는 설교가 계속되는 한 청년들은 서서히 예배로부터 또 교회로부터 멀어질 것이다.

9) 익명 9

지금의 젊은 세대는 그 어느 때보다 자의식이 큰 세대라고 생각한다. 그런데 교회는 그 자의식을 죽이고 기성세대의 보편적 상식에 맞출 것을 요구한다. 청년들이 청년다움을 잃으면 무슨 발전이 있겠는가? 그리고 발전이 없는 공동체가 어떻게 급변하는 사회에 적응할 수 있겠는가? 청년들이 윗세대의 기준에 맞추는 것이 아니라 윗세대가 청년들의 기준에 맞춰야 교회에 미래가 있다.

10) 익명 10

교회는 살아 있는 화석이 되었다. 믿지 않는 친구에게 우스갯소리로 이런 이야기를 들은 적이 있다. "과거로 시간 여행을 하고 싶으면 타임머신을 타는 대신 교회에 가면 된다." 교회에 가면 1980년대 풍의 노래(찬송가와 오래된 복음성가)를 부르고 군사독재 시절에나 어울릴 법한 이야기(기복주의적이고 보수적인 설교)를 들으며 조선시대 말투로 적힌 책(개역개정)을 읽을 수 있다는 것이다. 심지어 기도를 할 때 '주시옵소서', '기도드리나이다', '간구하오니' 등의 말투를 쓰는데 꼭 사극 말투 같다고 한다. 이런 빈티지가 또 없다. 나 같아도 새신자 입장이면 다시는 안 올 것 같다.

11) 익명 11

제가 다니던 교회에서는 어떤 목사님이 여성도를 상대로 성추행을 해서 큰 논란이 된 적이 있었습니다. 너무나 명백히 잘못이 드러났음에도 장로님들은 교회를 사랑하는 마음으로 모른 척하자는 식이었습니다. 억울해 하는 여성도를 돕는 사람들은 역으로 교회를 망치려는 사람들로 몰렸습니다.

이 사건에 대해 장년층과 청년들의 대응은 너무 달랐습니다. 장년들은 덮고 넘어가려 하고 심지어 피해자와 그녀를 도우려는 사람들을 공격했습니다. 청년들은 경찰에 신고하고 교회 중직자들에게 정의롭게 판단해 줄 것을 호소했습니다. 결국 그 목사님은 사임하게 되었지만, 피해를 입은 여성도와 수많은 청년들이 교회를 떠났습니다.

12) 익명 12

신학대학원에 입학하고 교육전도사가 되기 전까지 청년부 회장을 3년 동안 맡았다. 회장을 할 사람이 없어서 계속 연임했다. 이유는 청년부 목사님의 권위주의적 사고로 인한 불화 때문이었다. 어떤 청년도 그 목사님과 함께 사역하고 싶어 하지 않았다. 목사님은 청년 리더들을 대화하자고 불러내서 명령만 잔뜩 내리고, 식사하자고 불러내서 일을 맡기고, 심지어 교회를 떠나는 청년 리더들에게 찾아가서 불만이 있으면 나한테 말하면 되지 왜 교회를 나가냐고 호통을 칠 정도였다. 한 명의 목회자가 이렇게 많은 악영향을 미칠 수 있다는 사실을 그때 깨달았고, 지금도 나는 그런 목회자가 되지 않아야겠다고 굳게 마음먹고 있다.

13) 익명 13

청년들이 교회를 떠나는 이유는 결국 청년들에게 있습니다. 예배 스타일이 아니라 하나님을 바라보고 예배해야 하는데 그러지 못합니다. 교회의 모습이 잘못되었다면 교회를 떠날 것이 아니라 교회를 바꿔야 하는데 행동은 하지 못합니다. 교회를 통해 무엇인가를 얻어내려 하는 것이 청년들이 가장 큰 잘못입니다. 교회는 주기 위해 모인 공동체인데 받기 위해 모이는 것으로 착각하고 있습니다. 가나안 성도들은 자신의 신앙생활이 정말 십자가에 못 박히신 예수님과 같은 태도인지 돌아봐야 합니다.

14) 익명 14

대형교회들에 청년들이 몰리는 이유는 크게 두 가지라고 생각한다. 첫째로 예배의 분위기가 좋다. 큰 교회들은 자체적인 청년부 예배와 찬양팀을 통해 청년들에게 어필할 수 있는 예배를 만들고 전문 청년사역자의 설교를 제공한다. 역으로 말하면 아무리 큰 교회라도 청년들을 위한 예배와 찬양과 설교가 없다면 별 메리트가 없다는 뜻이기도 하다. 둘째로 청년들은 위로받고 싶어 한다. 입시에 지친 채 청년이 되는데 곧 취업에 지친다. 우울한 사회현실 때문에 연애, 결혼, 독립을 포기해야 하는데 교회에서는 위로 대신 할 일을 준다.

내가 청년부 전도사로 사역하고 있는 교회는 청년예배 참석 인원만 약 백 명에 달하는 어느 정도 규모가 있는 교회이다. 그러나 청년부 목사님은 청년부 찬양팀에게 찬송가를 부르게 하고, 청년들의 삶과 상관없는 질병의 치유나 재물의 복에 대한 설교를 하신다. 이 때문에 내가 사역하는 동안만도 많은 찬양팀 청년들이 청년다운 찬양을 할 수 있는 다른 교회로 떠났다. 어떤 청년들은 설교를 다른 교회에서 듣고 셀모임만 하러 온다. 나는 수많은 고민 끝에 지금은 그런 청년들에게 좋은 설교를 해주는 주변 교회를 소개해 주고 있다.

몇 달 전 목사님께서는 청년들이 너무 빨리 줄어든다는 지적을 받으시고 나에게 그 원인을 물어보셨다. 나는 솔직하게 답해드렸다가 "그렇게 판단력이 안 좋으니까 청년들을 못 붙잡는다"라는 말을 들었다. 목사님이 내놓은 해답은 청년들에게 토요 성경공부반과 금요기도회에 참석하도록 강요하는 것이었다. 그 후로 교회를 떠날지 말지 고민하던 청년들은 거의 다 떠났다.

15) 익명 15

저는 누구나 이름만 들으면 아는 유명한 대형교회의 청년부에서 서브 전도사로 사역하고 있습니다. 우리 교회는 청년부도 잘 조직되어 있고 청년들의 분위기도 매우 좋습니다. 사실 청년부가 최근 들어 조금씩 줄어들고 있지만 지난 몇 년간은 늘기만 했습니다. 특히 예배가 좋고 설교가 청년들에게 맞기 때문에 만족도도 높은 편입니다.

그런데 이런 좋은 청년부에서도 교회를 떠나는 청년들이 생기고 있습니다. 우리 교회 어른들의 동성애에 대한 지나친 혐오가 교회답지 않아 보인다고 말했다가 갈등이 생겨 떠나기도 했고, 종교인 과세 등 교회에 대한 부분에서 진보적인 정치색을 드러냈다가 어른들에게 안 좋은 소리를 듣고 떠나기도 했습니다. 그리고 교회에 남아 있는 청년들 중에도 절반 가까이는 비슷한 이유로 불만을 품고 있습니다. 크고 좋은 교회이지만 점점 보수적으로 변해가는 것 같아서 저도 고민될 때가 많습니다.

16) 익명 16

제가 교회를 떠났던 가장 큰 이유는 교회가 교회답지 않은 모습을 가지고 있으면서도 그것에 대해 아무런 의식도 하지 않고 있었기 때문입니다. 신학대학원을 입학하기 위해 다녔던 교회에서도 예수님처럼 이타적으로 살지 않는 교회의 모습을 많이 발견했습니다. 그래서 내가 원하는 교회를 가기 위해 사역지를 일찍 구했습니다. 사역을 하면서 느낀 점은 결국 교회다운 교회는 얼마 없다는 것, 성도들 한 명 한 명을 올바르게 세우는 것이 목회자의 역할이라는 것입니다.

청년들은 세상의 눈으로 교회를 보기 때문에 교회가 얼마나 타락했는지를 더 정확하게 볼 수 있다고 생각합니다. 돈과 권력을 쫓는 명성교회 세습과 같은 문제들은 세상 속의 교회를 보는 청년들에게는 매우 중요한 문제입니다. 교회가 교회답지 않은 모습일 때 청년도 떠나고 청장년 간세대도 교회를 떠나고 결국 남는 것은 그것을 묵과했던 노년층일 뿐입니다.

17) 익명 17

명성교회가 김삼환 목사로부터 김하나 목사에게 교회를 세습했다. 그리고 총회장, 부총회장은 즉각적인 대응을 하지 않았다. 상식적으로 세습이 결정되고 나서 일주일 내로는 이를 규탄하는 성명서나 기자회견이 있었어야 했다. 이 사태의 중대함을 적법절차라는 이름 아래 애써 외면하고 있는 것인지, 아니면 결과가 두려워서 조용히 입 다물고 있는 것인지 궁금하다. 이 시대의 청년들은 사회를 매서운 윤리적 눈으로 본다. 명성교회 내에서도 청년들은 세습에 대해 부정적인 반면 장년층은 긍정적이거나 유보적이다. 여기에 대해 어떻게 교회가 대처할지 청년들이 주목하고 있다.

이러한 타락상은 명성교회에만 있지 않다. 다른 교회들도 반성해야 할 것들이 많은데, 여러 문제들에 대해 청년들이 들고 일어나면 오히려 내리누르기만 한다. 박근혜 국정농단 사건 때에도 촛불시위에 함께한 이들은 대부분 청년들이었다. 기성세대는 사회를 제대로 바라보지 못했다. 심지어 그 유명한 TK 지역에서도 20, 30대는 당시 야당을 선택한 반면 50, 60대는 문제를 일으킨 보수당을 그대로 지지했다. 교회가 바로 서기 위해서는 신선하고 맑은 눈으로 교회를 바라보는 청년들의 의견을 경청해야 한다.

18) 익명 18

내가 청년 시절을 지낸 교회의 청년부는 예배만 400명 이상이 모였었다. 약 50명 정도의 리더십들이 있었고 교역자들은 이들에게 조직신학적인 교회론, 구원론이나 성서 비평학 등을 가르치기도 했다. 자발적으로 새벽예배에 참여하고 이후 학교 강의가 있을 때까지 교역자들과 성경공부를 했었다. 그리고 그 결과로 지역사회를 위한 여러 봉사활동과 복지단체에 청년들이 활발히 참여했었다. 교회를 중심으로 풀뿌리 민주주의 활동을 하기도 했고 외부 선교단체와 연합하여 선교용 물품을 개발하는 벤처기업을 만들기도 했다.

그러다가 어떤 목사님이 새로 오셔서 모든 것을 바꿔 놓았다. 비평학과 같은 신학적인 공부는 위험하다며 전도사님들, 목사님들이 신학교에서 배우던 내용을 청년들에게 가르치는 것을 금지시켰다. 청년들끼리 사회봉사 사역을 하는 것은 위험하다며 목회자들이 함께하지 않는 사역들도 금지시켰다. 청년들이 청년부 회장, 서기, 회계를 맡으면서 예산도 주체적으로 집행하고 있었으나 '청년 대표'라는 이름으로 바꿔 버리고는 사실상 청년들의 주체성을 다 빼앗고 모든 실무를 목회자에게만 담당시켰다. 심지어 청년들이 직접 운영하던 청년사무실에 들어가기 위해서도 목회자의 허락을 받아야 했다.

결국 청년들이 반발했고, 그 목사님은 3년 정도 만에 그만두고 나가게 되었다. 그러나 그 사이에 이미 여러 성경공부와 봉사활동과 선교를 주도하던 청년들은 다 나가고 없었다. 예배에는 고작 150명 정도의 청년들만이 오게 되었다. 이들이 이후에 하게 된 일들은 기껏해야 해외 단기선교에 참여하거나 전도사님들이 가르치는 기초 성경공부, 또는 교회 어른들이 하는 인근 복지센터 봉사활동에 동참하는 정도가 되었다.

19) 익명 19

교단의 대형교회가 타락했는데 총회가 가만히 있으니까.

20) 익명 20

교회를 다닌다는 것만으로 생각이 없는 사람이라는 비난을 받는 시대가 되었기 때문입니다. 기성 교회가 요구하는 믿음이 시대에 비해 뒤쳐져 있는 것이 현실인데, 그래서 청년들이 보기에는 기성 성도들의 믿음이 완전 구닥다리 믿음인데도 오직 믿음, 뜨거운 믿음, 산 같은 믿음 하면서 믿음만 강요하고 있었지요. 지금은 많이 나아졌다고 생각할 수 있는지 모르지만 그래도 20년 전에 있던 상식을 10년 전 정도로 끌어당겼을 뿐입니다.

저는 이렇게 말하고 싶습니다. "장로님들이 청년들에게 배우세요!" 성경에 대한 해석도, 사회를 보는 눈도, 정치적인 안목도, 예배를 기획하는 센스도 청년들이 훨씬 낫습니다. 그 청년들을 장로님들과 똑같은 부류로 만드는 것은 현대인을 원시인으로 만드는 겁니다. 스마트폰을 2G폰으로 빼앗는 겁니다. 장로님들께서 "우리가 청년일 때 이런 저런 활동들로 부흥했어. 이게 방법이야! 한번 해봐!"라고 말씀하시는 건 "2G폰이 최고야. 우리가 청년일 때 이런 거로 연애도 하고 데이트도 하고 다 했어!"라고 말하는 거랑 다를 게 없습니다.

21) 익명 21

저는 청년들이 교회를 떠나는 이유에 대해 두 가지를 봐야 한다고 생각합니다. 청년들 상황과 교회의 상황입니다.

우선 청년들 상황은 여유가 없습니다. 청년들의 일상이 무너져 있음을 의미합니다. 수저론이나 가치 있는 것들의 포기를 말하는 건이 때문입니다. 교회는 이 무너짐에 대답을 주지도 못하고, 그들의 편도 아닙니다.

그리고 교회의 상황은 청년들과 다음 세대가 올 만한 토대를 전혀 마련해 놓지 않고 있습니다. 여기에는 후진 윤리의식과 걸음마도 떼지 못하는 교리가 큰 몫을 차지한다고 봐야겠지요. 청년들의 삶에 맞지 않는 과도한 봉사는 이 결과입니다.

결국 청년들의 상황과 교회의 고착화가 맞물려 교회에서 청년들이 빠져 나가는 현실을 맞고 있습니다.

22) 익명 22

신학생이자 교육전도사 사역을 시작한 지 얼마 안 되는 사람으로서 느낀 가장 큰 문제점은 신학교에서 배운 대로 가르칠 수 없는 목회 현장이다. 신학교에서는 청년들이 듣고 싶어 하는 지식적이고 진보적이고 사회윤리적인 측면의 신학을 가르쳐 주지만 목회 현장은 이것을 받아들이기에 너무 보수적이다. 심지어 배운 바를 가르치다가 쫓겨나는 전도사도 있다. 나이가 있는 목사나 장로들은 청년들이나 젊은 전도사들의 생각이 자신과 다르면 마치 이단처럼 취급한다.

목사님들은 너무 공부를 안 한다. 청년들의 질문은 정치, 경제, 문화, 과학, 윤리 등 다방면에 걸쳐 있는데, 여기에 대답해줘야 하는 목사님들은 한 손에는 성경을 들고 다른 한 손에는 신문 대신 몽둥이를 든 것 같다. 자신이 잘 모르면 현대의 신학을 배우고 있는 전도사들에게 맡기면 되는데 그건 또 자신의 권위를 지키기 위해 싫어한다. 청년들에게 공급되어야 할 신앙의 영양분들을 목사가 스스로 막고 있으니 청년부가 죽어 가는 것은 당연하다.

23) 익명 23

목회자를 믿을 수가 없다. 인격적으로도 부족한 사람들이 많고 신학적으로도 평신도만 못한 목사들을 많이 봐왔다. 차라리 혼자 신앙생활을 하거나 정말 존경할 만한 목회자가 있는 교회로 옮기는 것이 낫다. 그러나 옮기면 또 실망할까 봐 두렵다.

"왜 청년들이 교회를 떠날까?"에 대한 신학생들의 대답을 들으며 어떤 생각이 드셨나요? 공감이 되는 부분이 있는가 하면 반대로 여러분이 가지고 있는 것과 사뭇 다른 경험과 의견을 가진 이들도 많았을 것입니다. 앞서 말씀드렸듯이 신학생들은 전국 각지의 많은 교회에서 열정적으로 신앙생활을 하던 이들입니다. 이들이 서로 다른 생각을 가지고 있다면 그것은 둘 중 한 생각이 틀린 것이 아니라, 같은 문제에 서로 다른 방향성을 가진 대책이 필요하다는 뜻이라고 생각합니다.

성도님들 중에 예배에 대해, 특히 예배 중 찬양과 설교에 대해 비판적 사고를 가지고 코멘트를 하시는 분들이 계십니다. 이 경우 그

분들의 말씀이 예배를 사랑하는 마음으로 하는 것인지, 아니면 그냥 마음에 들지 않는다는 비난인지는 그 태도를 보면 알 수 있습니다. "우리가 다음번에는 예배를 더 잘 드리기 위해 이렇게 예전을 바꾸면 좋겠습니다"라고 하면서 예배자로서 더 나은 예배를 드리기 위해 단점과 보완책을 함께 말씀해주시는 분은 전자일 테고, "저는 우리 목사님 설교가 너무 마음에 안 들어요. 찬양은 또 왜 이렇게 엉망인지 예배에 오기가 싫어요"라고 마음에 안 드는 점만 말하고 해결책을 내놓지 않는 사람은 후자일 테지요.

교회와 청년문제에 대해서도 마찬가지입니다. 신학생들이 그리스도의 몸인 교회를 실명 또는 익명으로 비판한다고 나쁜 마음을 가지지 마시고, 그 비판의 목소리에 들어 있는 교회를 사랑하는 마음을 봐 주셨으면 좋겠습니다. 개혁하려고 하는 것은 사랑하지 않음이 아닙니다. 오히려 사랑하기 때문에 온전한 모습이 되게 하려는 것입니다. 예수님의 몸이 병들어 있다면 사랑하는 마음으로 병이 있다고 알려주고 병을 치료해야 합니다.

저는 오히려 청년들이 교회 내에 존재하는 문제에 대해 이야기하기 위해 실명을 숨겨야 하는 현실이 더 슬픕니다. 생각이 다르면 다름을 인정하지 않기에 새로운 세대가 가진 다름도 인정하지 않는다면 교회는 세대와 시대 속에서 고립됩니다. 부디 교회가 이런 책이나 익명의 투고를 통하지 않고도 사상과 세대를 넘어 열린 마음으로 대화할 수 있는 공동체가 되었으면 좋겠습니다.

3. "청년이자 사역자로 살아가는 신학생들의 생각을 듣고"

– 전국장청 에큐메니칼위원회 위원장 김민오 청년
(장로회신학대학교 신학대학원 111기)

전국 장청(대한예수교장로회 청년회전국연합회) 산하 에큐메니칼위원회를 통하여 지역의 청년들의 실태에 대하여 직접 보고 들었다. 그러나 청년의 때에 청년이 아닌 사역자로 살아가며 청년의 때부터 삶을 온전히 주님께 바쳐야 하는 신학생들의 생각은 이번 계기를 통하여 처음 듣게 된 것이다. 공감과 생각의 폭을 넓힐 수 있는 좋은 기회였다.

청년세대는 신학생들과 끊을 수 없는 동역자라고 생각한다. 청년세대가 10, 20년 후 우리 교회에서 중직을 맡을 바로 그 시기에 지금의 신학생들은 교회 내에서 담임목사가 되거나 지도자급의 부목사가 되는 등 활발히 목회하고 있을 것이다. 따라서 현재의 청년세대와 신학생들은 함께 교회의 다음 세대를 준비하고 있다고 봐야 한다.

한국교회에서 청년들이 떠나가고 있는 현실에 대해서 신학생들이 더 깊은 공감대를 형성할 수 있는 것은 단순히 이들의 젊은 나이 때문만이 아니다. 미래 교회에서 동역자가 사라져 가는 상황은 그 미래 교회의 목회자가 될 신학생들에게 매우 심각한 문제이다.

나 역시 마찬가지이다. 현재 교회를 이끌고 계신 선배님들이 은퇴하시고 나면 우리 세대의 목회자들에게는 텅 빈 교회가 맡겨질지도 모른다. 지금까지는 청년이었고 앞으로는 목회자가 될 신학생들의 생각, 현재 교회의 청년세대를 바라보고 청년이자 사역자로 살아가는 이들의 생각을 듣고서, 다음과 같이 분석 및 대안들을 정리했다.

1) 청년이탈은 복합적인 문제, 공동체의 체질을 바꿔야 한다.

신학생들에게 "왜 청년들이 교회를 떠날까?"를 물어 보자 정말 다양한 의견들이 나왔다. 새로운 원인을 떠올릴 필요가 없을 정도로 이미 거의 모든 주제가 언급되었다. 심지어 같은 현상에 대해 서로 반대되는 해석을 내놓은 경우도 있었다. 사실 예상했던 바다. 교회를 옮기거나 떠나는 친구들에게 그 이유를 물어 보면 절대 한두 가지 이유만을 듣게 되지 않는다. 그들은 마치 산사태처럼 여러 가지 고민들이 쌓이고 쌓여서 개인이 감당하기 힘든 지점에 이르렀을 때 교회공동체를 놓아 버린다. 청년들이 교회를 떠나는 이유는 다양하고 복합적이기 때문에 단순히 몇 가지로 정리해서는 절대로 안 된다.

그럼에도 불구하고 신학생들이 경험한 청년사역자들 중에는 청년들의 교회 이탈에 대응하여 몇 가지 단순한 원인 분석과 대책만을 내놓는 이들이 많았다. 그러면 그 대응책은 교회를 떠난 청년들 중 소수의 사람들에게만 유효했을 것이다. 청년들에게는 복합적인 대안이 필요하고, 이들은 동시다발적으로 적용되어야 한다. 비유하자면 에이즈 환자들을 치료하는 '칵테일 요법'과 같다. HIV는 약제에 대한 내성 돌연변이가 잘 생겨서 만약 한 가지 약물만 처방하면

바이러스가 쉽게 내성을 가지게 되어 치료가 더 어려워진다. 그래서 HIV에는 여러 제품의 약을 동시에 투여해서 내성 돌연변이가 생기지 않도록 한다. 한 가지 약제에 내성이 생겨도 다른 약제 때문에 바이러스가 죽게 되는 것이다.

제발 "이것 하나만 해결하면 청년들 다 돌아온다"는 식의 정답 내놓기를 멈췄으면 좋겠다. 백 명의 청년이 교회를 떠나면 그곳에는 백 가지 이유가 있다. 반대로 백 명의 청년이 교회에 머물러 있다면 그곳에도 백 가지의 저마다 다른 교회에 있어야 할 이유가 있다. 공동체의 한 부분에 문제가 생겼다면 그것은 그 문제만 해결하면 되는 일이다. 하지만 여러 문제들이 동시다발적으로 일어나고 있다면 공동체가 전반적으로 잘못되어 있다는 뜻이다. 병이 잘 걸리는 사람은 그때그때 병만 치료할 것이 아니라 운동을 통해 체질을 개선해야 한다. "교회를 왜 나오지 않느냐?"라고 물었을 때 한두 가지에서 걸리고 넘어가는 것이 아닌 지금의 교회 공동체는 분명히 체질 개선이 필요하다.

2) 복잡·다양한 시대와 청년을 이해해야 한다.

신학생들의 의견들을 종합해 보면, 청년들이 교회를 멀리하게 된 거시적인 이유로는 시대의 흐름이 과학과 이성의 시대가 된 것, 탈종교적인 사고가 일반적이게 된 것에 원인이 있을 것이다. 그리고 교회가 시대에 발맞춰 발전하기는커녕 따라잡지도 못하고 있다는 평가가 많았다. 심지어 신학교에서 배우는 내용을 목회 현장에서 그대로 설교했다가는 쫓겨나는 형편이라는 지적도 있다.

한국교회에서는 교회와 목회자들이 사회적으로 여러 물의를 일으켜 신뢰를 잃은 것도 큰 문제다. 목회자가 되려는 꿈을 꾸는 신학생들이 보기에도 기독교 교회가 존경받지 못하는 종교집단이 되었다는 것이다. 신앙적으로는 기성세대와 청년들의 성경을 보는 관점 차이가 큰 것, 지난 세대가 지나치게 개인적이고 기복적인 신앙만 강조해온 것, 현재도 목회현장에서는 시대상식과 동떨어진 신앙인을 길러내고 있는 것 등의 문제들이 지적되었다.

그리고 교회를 옮기거나 떠나는 개인적인 이유들로는 예배의 스타일이 청년들과 맞지 않아서, 설교가 마음에 들지 않아서, 청년들이 필요로 하는 활동을 할 수 없어서, 봉사 때문에 지쳐서, 목회자와 청년들 간의 소통이 잘 이루어지지 않아서, 목회자의 권위주의적인 태도에 실망해서 등의 의견이 나왔다. 같은 공동체 내에서 연애했던 사람과 헤어져서라든지 청년들끼리 개인적으로 다퉈서 떠나는 경우도 있을 것이다. 개인적인 이유로 교회를 떠나고자 할 때 목회자와 원활히 상담할 수 없거나 공감 받지 못해서 실망하는 경우도 있었다.

이렇게 보면 한두 가지 원인으로 청년들의 교회 이탈 현상은 바라보는 것은 불가능해 보인다. 나는 이것이 사회의 구성이 복잡하고 다양해진 시대상을 그대로 반영한다고 본다. 이것은 시대의 흐름이기에 처음부터 '옳다' 또는 '그르다'로 판단해서는 절대 안 된다. 이 모든 것이 시대의 변화 속에서 청년들이 경험하는 일들이고, 교회가 고민하여 해답을 주어야 할 부분들이다.

예를 들면, 예전보다 평등한 인간관계를 추구하는 문화에서 여전히 수직적인 교회의 구조는 청년들에게 적합한 소통의 생태계를 마련해 주지 못한다. '대화'에 대한 관점이 세대별로 다르다 보니 대화를 시도하다가도 세대 갈등이 시작된다. 점점 이성교제를 하는 청년들의 비율이 높아지자 공동체 내에서 교제하다 헤어지는 사람도 많아졌다. 헤어진 옛 연인을 피해 교회 간 수평 이동하는 사람이 많아지는 것은 당연하다.

또한 과거에는 공동체 내부에 문제가 있어도 여러 이유로 덮어놓고 넘어가는 경우가 많았다면, 시민의식이 발달한 청년 세대에게는 덮을 만한 일이 아닐 수 있다. 경제 성장의 시기에 교회를 성장시켰던 기복주의는 이제 경제 침체의 시기를 맞아 "기도해도 되지 않더라"는 경험적 확신으로 대체되고 있다. 청년들의 교회 이탈을 막고 싶은 교회공동체는 이 모든 것을 진심으로 이해하고 공감해 줄 수 있어야 한다. 공감은 시대와 세대에 대한 이해로부터 나온다.

3) 청년부터 총회까지 모두가 변해야 한다.
교회에서 청년들이 이탈하는 현상의 복합적인 원인을 해결하기 위해서는 청년, 기성세대 성도들, 목회자, 개교회, 총회에 각각의 역할 및 지위에 따른 변화가 요구된다.

총회는 교회가 사회적으로 존경을 받을 수 있는 공동체가 되도록 올바르게 치리해야 한다. 교단 내 교회나 목회자에 대한 윤리적 문제가 있는 경우 단호하고 신속하게 대처해야 한다. 더불어 사회문제에 대한 교회의 대답을 내놓기 위해 노력해야 한다. 총회 차원에서 4차 산업혁명 시대에 어울리는 전문지식을 갖춘 전문목사들을 양성해서 기관 목회자로 두고, 필요에 따라 목회 현장에서 필요한 설교를 할 수 있도록 파견해야 한다. 총회가 신학교의 신학을 좌지우지하려 해서는 안 되고 반대로 신학교로부터 방향성을 배우는 총회여야 한다.

교회 공동체는 새로운 세대가 가진 다양한 의견과 신앙에 대해 열린 태도를 가져야 한다. 개교회들은 교회 내 장년 성도들이 청년들에게 특정한 신앙관 내지 행사를 강요하지 못하도록 청년들만의 자율권을 부여해야 한다. 그리고 교회를 운영함에 있어 청년들의 의견을 반영하거나 적어도 청년들에게 자신들의 일에 대해서는 철저한 자치권이 부여되는 구조를 만들어야 한다. 교회 안에서 세대 간의 대화의 장을 열어주는 것도 중요하다. 사회적 이슈가 있을 때 덮어놓고 문제를 피해가는 것이 아니라 정면으로 마주하며 세대 간의 소통을 이끌어야 한다.

목회자들은 신학적 전문성에 세상학문과 상식의 전문성을 함께 갖추기 위해 노력해야 한다. 이것이 현실적으로 힘들다면 적어도 태도만이라도 바꿔야 한다. 청년부 목회자는 가르치기에 앞서 개개인의 소리를 들을 줄 아는 사람이어야 한다. 다양성이 존중받는 사회에서의 서번트 리더십은 전체주의 사회의 가부장적 리더십과 완전히 다르다. 교회와 청년들 사이에서 봉사 명령을 전달하는 사람이 아니라 청년들이 자율적으로 교회생활을 해나갈 수 있도록 돌보는 사람이어야 한다.

기성세대는 자신들의 경험과 신앙관 또는 세계관을 주입시킬 것이 아니라, 청년들에게 자율권과 자기결정권을 주고 본인들 스스로 자신들의 신앙생활을 결정할 수 있게 해 주어야 한다. 자신들이 경험한 것들을 토대로 같은 방법을 쓸 것을 권유하지 말고 청년들이 시행착오를 겪더라도 자신들만의 방법대로 공동체를 움직이게 기회를 주는 것이 필요하다. 청년들의 생각, 문화, 상식, 신앙이 자신과 다를지라도 다름을 인정해 주어야 한다.

마지막으로 청년들은 교회를 떠나고 싶은 이유를 교회를 변화시키고 싶은 이유로 바꿔 생각해야 한다. 교회는 매 세대를 거쳐 존재해왔고 예수님의 제자들로부터 대를 이어 지금까지 내려왔다. 교회는 하나님이 사랑하시는 하나님의 공동체이다. 교회가 타락했을 때, 우리는 교회를 버리는 것이 아니라 변화시키기 위해 노력해야 한다.

4) 구체적인 구조 개선이 필요하다.

현재 총회가 구조개편을 계속해서 말하지만, 실제적으로 개교회의 성도들이 느낄 만한 구조 개선이 이루어지고 있지는 않다. 청년들에게 가장 필요한 구조의 개선은 기성세대가 판단하고 결정하여 일방적으로 주는 방향으로 이루어질 수 없다. 구조적으로 청년들이 교회에 대해 자신의 권리를 말하고, 자율적으로 참여하고, 교회 공동체 전반에 청년들의 의견을 반영할 수 있도록 민주적인 환경을 만들어주는 것이 필요하다. 따라서 다음과 같은 방향의 구체적인 정관·법의 개선이 있어야 한다.

① 총회는 청년회전국연합회나 청년위원회를 통해 청년들과 소통할 수 있는 창구를 마련해야 한다. 아직 청년 장로나 총대가 시기상조라면 청년들의 의견이 총회에서 발표될 수 있다면 그것만으로 세대 간의 단절을 경험하는 청년 세대에게는 큰 변화라 느낄 것이다.

② 총회는 총회 산하 7개 신학교와 국내외 일반대학들을 연결시켜서 전문목사를 양성하고, AI, 경제적 정의, 탈종교 시대, 과학과 종교, 종교 간의 대화, 진화와 창조론, 민주사회의 시민윤리 등 시대가 주는 질문들에 대해 구체적으로 대답할 수 있도록 준비해야 한다. 기성세대에게는 별로 중요하지 않은 이슈들이지만 다가올 세대에게는 준비 없이는 치명적인 것들이다.

③ 각 노회는 노회 내 개교회들의 청년회가 청년회전국연합회에 소속되어 전국적으로 함께 활동하고 자신들의 권리를 찾을 수 있도록 도와야 한다. 청년들이 모여 함께 목소리를 낼 수 있는 공동체의 일원이 된다면 청년부를 만들지 못하는 교회들이 모여 노회별 연합

청년 활동이나 수련회를 추진할 수도 있다.

④ 교회는 당회나 제직회 등 의사결정 과정에서 청년들이 목소리를 낼 수 있도록 정관을 변경해야 한다. 청년 장로가 세워질 수 없는 총회 헌법하에서 허락되는 최선은 아마 청년 대표가 발언권을 행사하는 것 정도일 것이다. 또는 청년부 담당 장로를 당회에 여러 명 두는 방법도 있다.

⑤ 교회에서 청년들이 과도한 봉사에 동원되지 않도록 1인 최대 2가지 사역을 명문화하는 것도 필요하다. 사실상 목회자나 어른들의 권면이 있는 경우 선택권 없이 봉사에 떠밀리는 청년들을 보호하기 위해서라도 1인의 청년이 2가지를 넘는 사역을 하려는 경우를 원천적으로 제한하는 것이 필요하다.

⑥ 교회는 청년부 목회자에게 독립적으로 사역할 수 있는 권한을 부여해 주어야 한다. 당회에서 어떤 행사를 하겠다며 청년부 목회자에게 청년들을 동원해줄 것을 요구해서는 안 된다. 문화적으로도 청년부 목회자가 청년스러운 공동체를 만들도록 배려해 주어야 한다.

⑦ 교회는 교회 내에서 이슈가 될 만한 사항들을 두고 당회원들끼리 폐쇄적으로 회의하는 것이 아니라 청년들과 어른들이 직분과 세대를 넘어 대화할 수 있는 정기적인 열린 소통의 장을 만들어 주어야 한다. 대화는 이해를, 이해는 화합을 가져온다.

청년이 없는 한국교회 이대로 괜찮을까?

1판 1쇄 인쇄 _ 2018년 5월 15일
1판 1쇄 발행 _ 2018년 5월 25일

엮은이 _ 대한예수교장로회 청년회전국연합회
펴낸이 _ 이형규
펴낸곳 _ 쿰란출판사

주소 _ 서울특별시 종로구 이화장길 6
편집부 _ 745-1007, 745-1301~2, 747-1212, 743-1300
영업부 _ 747-1004, FAX 745-8490
본사평생전화번호 _ 0502-756-1004
홈페이지 _ http://www.qumran.co.kr
E-mail _ qrbooks@gmail.com / qrbooks@daum.net
한글인터넷주소 _ 쿰란, 쿰란출판사
등록 _ 제1-670호(1988.2.27)
책임교열 _ 김유미·박익비

ⓒ 대한예수교장로회 청년회전국연합회 2018
　　ISBN 979-11-6143-151-2 03230

책값은 뒤표지에 있습니다.
이 출판물은 저작권법에 의해 보호를 받는 저작물이므로 무단 복제할 수 없습니다.
파본(破本)은 구입처에서 교환해 드립니다.